早稲田大学学術叢書 39

格差社会の住宅政策
ミックス・インカム住宅の可能性

渡邊詞男
Norio Watanabe

早稲田大学出版部

Housing Policy in a Society with Increasing Income Inequality: Possibilities for Mixed-income Housing

WATANABE Norio, PhD, is principal of METAVORTEX Architects, a Tokyo-based firm practicing research, design and architecture.

First published in 2015 by
Waseda University Press Co., Ltd.
1-1-7 Nishiwaseda
Shinjuku-ku, Tokyo 169-0051
www.waseda-up.co.jp

© 2015 by Norio Watanabe

All rights reserved. Except for short extracts used for academic purposes or book reviews, no part of this publication may be reproduced, stored in a retrieval system or transmitted in any form whatsoever—electronic, mechanical, photocopying or otherwise—without the prior and written permission of the publisher.

ISBN 978-4-657-15703-4

Printed in Japan

本書の背景と目的

　本書は，筆者の博士論文及びそれをもとにした拙書『ロサンゼルス市におけるミックス・インカム住宅の開発事業——アフォーダブル住戸供給手法としての可能性』（早稲田大学モノグラフ No.78，早稲田大学出版部，2013年）を増補したものである。今回の補足点は日本においてあまり表面化していないが確実に増加している低所得者とその住宅問題に着目し，日本の事例などを追加したことである。貧富の差の激しいアメリカでは低・中所得者などの貧困問題が住宅政策の重要な課題になっているが，近年，所得の二極化が顕在化するようになった日本においては，いまだに貧困層の住宅問題が軽視されている。アメリカの低・中所得者向け住宅の研究論文に日本の事例を追加し，日本とアメリカの違いを明らかにすることにより，日本における貧弱な住宅政策や，低・中所得者向け住宅のあり方についての議論を促す一助となることを願っている。

　グローバル化によりモノや情報が自由に国境をこえ，世界規模で広がるようになった。そして人の行動範囲も世界中に広がり，海外移住，海外就労が容易になった。一方，人・モノの移動が世界規模で活発化するのに伴い，移民や所得格差の問題も世界各国に広がっている。特に，低賃金で働く移民，所得格差の進行に伴う低所得者の増加が住宅不足等の新たな社会問題を引き起こしている国もあり，今後，日本を含めた多くの国々でその対策が必要になると思われる。

　近年日本では，ドミトリー形式のシェアハウスや脱法ハウスという語をよく耳にする。これらは民間が運営する狭小の個室を格安で提供する短期賃貸形式の集合住宅などの呼称で，定住する住居を持てない低所得者たちの「よりどころ」となっている。また，これらの住宅需要は単身

の女性や若年貧困層の増加により大きくなり，一大住宅市場となっている。今後も，様々な生活スタイルのニーズにより提供される個室のバリエーションが増えていくことが予想される。一方アメリカでは，貧困の集中がコミュニティや建物の荒廃の原因となるなど，貧困は深刻な社会問題とみなされており，貧困層に対する住宅政策によって新たな住宅が建設される場合が多い。

　そんなアメリカにおいて近年，力を入れている政策の1つにミックスト・インカム住宅の供給がある。ミックスト・インカム住宅は，市場価格の集合住宅にアフォーダブル住戸（低・中所得者向けの住戸）を組み込んだ集合住宅で，積極的に建設していくことにより，アメリカの低・中所得者向けの住宅不足問題の緩和に貢献することが期待されている。

　グローバリゼーションの影響により移民・所得格差の問題も世界中に広がり，今後，移民・所得格差の問題はグローバリゼーション化が進む国々において住宅不足等，共通の問題を引き起こすことが考えられるが，根本的な解決策は今のところ確立されていない。そのような状況下で，アメリカが住宅不足の対応策として取り組んでいるミックスト・インカム住宅は，全米で建設されており，アフォーダブル住戸の供給手法として重要性が増している。そのミックスト・インカム住宅によるアフォーダブル住戸の供給手法としての可能性を明らかにすることは，世界的に波及する住宅不足問題に対する対応策を模索していく上で，1つの手がかりになると思われる。

　そこで本書では世界における低・中所得層について概観し，近年貧困の問題が深刻化しつつある日本における低・中所得層の住まい方の動向と併せて，貧困問題に以前から取り組んでいるアメリカの政策による対応策を詳しく見ていく。

用語の定義

アフォーダビリティ（affordability）
入手しやすさ。指標としてのアフォーダビリティとは，所得に占める家賃や光熱費など住居費の割合が使われる。

アフォーダビリティ問題（affordability problem）
アメリカでは，1980年代になってアフォーダビリティの低下という新たな問題が発生した。1988年アメリカ議会予算局（Congressional Budget Office）の報告書のアフォーダビリティの定義によると，家賃や光熱費など住居費として所得の30％以上を支出している世帯はアフォーダビリティの問題があるとみなされる。[1]

アフォーダブル住宅（affordable housing）
一般的に，低・中所得者が収入の30％を超えない適正な家賃負担で収入に応じた適正な家賃負担で入居できる住宅を言う。通常，アフォーダブル住宅の家主は政府の補助金を受ける代わりに，決められた期間，アフォーダブル住宅を提供しなければならない。本書において，対象を賃貸集合住宅としているため，アフォーダブル住宅は，低・中所得者向けの賃貸集合住宅を指し，アフォーダブル住戸は，集合住宅内の個々の低・中所得者向けの住戸を指す。

ミックスト・インカム住宅（mixed-income housing）
ミックスト・インカム住宅は明確な形式や定義はないとされているが，

1）Building Healthy Communities 101（2009-10 参照）．

一般的には異なる所得層に対してアフォーダビリティをもつ住戸，典型的には市場価格による住戸と低所得者が入居可能な市場価格以下の住戸によって構成されている賃貸集合住宅を指す。

市場価格住宅（market rate housing）

市場価格住宅とは所得及び家賃制限のない一般向け住宅を示す。アメリカではアフォーダブル住宅に対する用語として一般的に使用されているため，本書でも同様に使用する。

ロサンゼルス市コミュニティ再開発公社

1948年ロサンゼルス市によって設立された公的機関であるロサンゼルス市コミュニティ再開発公社（Community Redevelopment Agency of the City of Los Angeles：以下 CRA）の使命は，雇用の創出と生活水準の向上のために戦略的な投資を行うことである。そして CRA は地域の活性化のために再開発を行い，アフォーダブル住宅の供給に努めてきた。その役割についてカリフォルニア州コミュニティ再開発法（California Community Redevelopment Law）の中で，市の低・中所得世帯に安全で清潔なアフォーダブル住宅を供給すること，そして CRA の歳入の20％を低・中所得者向けアフォーダブル住宅の供給を維持，改善，拡大させるために使用することが定められている。

CRA はロサンゼルス市の32のコミュニティを再開発計画地域に指定し，それぞれの再開発計画地域に対し再開発計画を作成している。

超低所得（very low-income），低所得（low-income），中所得（moderate-income）

CRA の基準では，超低所得とは31〜50％の地域所得中位値（Area Median Income：以下 AMI），低所得とは51〜80％の AMI，中所得とは

住戸密度

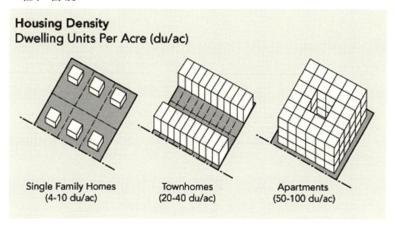

出所: Building Healthy Communities 101 (2009-10 参照).

81~120％の AMI と定められている[2]。CRA の基準では，2007年時点の2人家族の場合，超低所得とは世帯の年収が＄1万7,751から＄2万9,600，低所得とは世帯の年収が＄2万9,601から＄4万7,350を指す[3]。

住戸密度 (housing density)

住戸密度は単位敷地面積に対する住戸の数を表す。一般的には，1エーカー (acre) 当たりの住戸数によって表される。ロサンゼルス市ゾーニング・コードにおいて，住戸密度は1住戸当たりの敷地面積を平方フィート (square feet, Sq.Ft., SF 等と記す) によって表される。例えば，住居系用途地域のR3ゾーンにおける住戸密度は，1住戸当たり800平方フィート以上と定められている。

---

2) Congressional Budget Office (1988), p. 8.
3) CRA (2005), pp. 7-8.

住戸タイプ（unit type）

アメリカの住戸タイプは一般的に1ベッド室（1 Bedroom），2ベッド室（2 Bedroom）のように寝室の数で分類され，寝室が仕切られていない住戸はスタジオ（Studio）と呼ばれている。本書では住戸タイプを寝室の数による区分とし，住戸平面が異なる場合も寝室の数が同じであれば同一住戸タイプとした。

界壁（party wall）

集合住宅の住戸と住戸の間を区切っている壁を指す。日本の建築基準法においてこの言葉が使用されているため，同様に使用した。

目　次

序　章
グローバル経済がもたらした日本の雇用の変化 ──── 1
　広がる格差と多様化する住まい方 ……………………… 3

第1章
日本と世界の低・中所得者と住宅事情 ──── 9
　第1節　日本の低・中所得者はどれくらいいるのだろうか？ …… 11
　　1　日本の低・中所得者の定義　11
　　2　日本の低・中所得者の割合　13
　第2節　日本の低・中所得者はどこに住むのだろうか？ …… 18
　　1　公営住宅　18
　　　東京都青山1丁目アパート
　　2　シェアハウス　21
　　　シェアハウスとは／シェアハウスの実情／ケース1「自由と生存の家」プロジェクト／ケース2　NPO法人「ほっとポット」
　　3　脱法ハウス　25
　　4　ネットカフェ　29
　　5　ホームレス　31
　第3節　世界の貧困の現状と割合 ……………………… 33
　第4節　世界の住宅政策 ………………………………… 35
　　1　移民と所得格差　35
　　2　日本と欧米主要国の住宅政策の歴史　41

日本／アメリカ／イギリス／フランス／ドイツ／まとめ——各国の住宅政策の比較

第2章
アメリカの低・中所得者向け住宅政策とミックスト・インカム住宅 ─────── 59

第1節 アメリカにおける新たな取り組み ……………… 61

第2節 アメリカの低・中所得者向け住宅政策 …………… 65

第3節 アメリカのミックスト・インカム住宅の歴史 ……… 71

第4節 アメリカのミックスト・インカム住宅事例とその類型化 ……………………………… 74

　　　ケース1 Centennial Place、ジョージア州アトランタ市／ケース2 St. James Terrace Apartments、ニューヨーク州ヨンカーズ市／ケース3 Emery Bay Ⅱ、カリフォルニア州エメリービル市

第5節 ミックスト・インカム住宅開発の長所・短所 ……… 80

第3章
ロサンゼルス市のミックスト・インカム住宅 ─────── 83

第1節 ロサンゼルス市のミックスト・インカム住宅 ……… 85

第2節 ロサンゼルス市の概況 …………………… 90

　　　セントラル・シティ（通称：ダウンタウン）／セントラル・シティ・ウエスト／ロサンゼルス市における2つのエリアの位置づけ

第3節 ロサンゼルス市の住宅問題 ………………… 103

第4章
ロサンゼルス市のミックス・インカム住宅の開発手法 —— 109

第1節　ロサンゼルス市のミックス・インカム住宅 ……… 111
 1　ファンド　111
  低所得者用住宅税額控除（LIHTC）／免税債／CRAによるローン
 2　アフォーダブル住戸比率と所得制限　122
  CRAローンの適用条件／免税債の適用条件／低所得者用住宅税額控除（LIHTC）の適用条件
 3　契約期限　127
 4　まとめ　129

第2節　ミックス・インカム住宅のアフォーダブル住戸供給
   手法としての可能性 ……………………………… 131
 1　立　地　131
 2　建物評価額　133
 3　現地調査　139
 4　まとめ　148

第3節　ミックス・インカム住宅の建築計画 ……… 149
 1　アフォーダブル住宅インセンティブ　149
 2　建築計画におけるインセンティブの影響　154
  階数への影響／基準階平面型への影響／界壁への影響

第5章
これからの展望 ———————————— 167

参考文献 173
あとがき 181
索　引 183
英文要旨 187

序章

グローバル経済がもたらした日本の雇用の変化

広がる格差と多様化する住まい方

　戦後の復興期を経て高度経済成長を遂げ，1968年以来世界第2位の経済大国であった日本は，2010年に国内総生産（GDP）がアメリカ，中国に次いで世界第3位となり，中国に2位の座を明け渡した。[1]日本は依然豊かであるが，1991年にバブル経済が崩壊して以降経済が停滞し，1991〜2012年度の経済成長率は平均0.9％を記録した。[2]また，出生率の低下により2005年に人口減少時代に突入，長寿命化により高齢化率が上昇する状況で日本国内では大きな消費を期待することができず，今後も日本経済は低成長が続くと予想される。

　低成長期には企業は右肩上がりの成長が望めず，1990年代後半から2000年代初めにかけ，富士通や本田技研工業などの日本を代表する企業は勤続年数や年齢などに応じて役職が上がり賃金が上昇する年功序列型から，実力や成果を賃金に反映させる能力主義・成果主義型賃金制度へと給与体系を移行していった。年功序列型の廃止は，終身雇用制という日本的な会社組織の終焉を意味する。つまり能力の高い者はより高い賃金を求め，能力の低い者は肩たたきにあい，転職や離職することになる。これにより労働力が流動化しはじめたのである。

　1980年頃から始まった世界経済のグローバル化は，労働力の流動化を活発化させた。日本では1995年，雇用の規制緩和による終身雇用の終焉，1999年の労働法の改正による派遣労働の規制緩和などの法改正が労働力の流動化を促進した。企業は法改正を盾に，リストラ等で正社員の割合

1）『日本経済新聞電子版』（2011-1-20 参照）。
2）内閣府 SNA サイト（2014 参照）。

を徐々に減らし，人件費の削減を行っていった。

　低迷する経済において，この「労働力の流動化」は経済の新陳代謝を促し，経済を活性化させる特効薬とうたわれ，企業側にとって都合のよいキャッチコピーとなり，2000年前後にソニー，資生堂などの大手企業は希望退職者を募ることによって人員を減らし，人件費を削減していった。一方，退職者たちは転職したり，派遣労働者となったが，多くの人々は収入の減少，不安定な労働条件下におかれた。また，仕事や住まいを失いホームレスとなった人々の数がピークになったのも2000年前後である。結果，この労働力の流動化は非正規雇用者を増やし，所得格差を促進したことになる。

　図序-1は非正規雇用者の全労働組合員数における割合を示す。これによると非正規雇用者の割合が1995年から2000年で5.1%，2000年から2005年で6.6%増加しており，労働力の流動化が顕著であることが分かる。

　現在も雇用が不安定，賃金が低い，退職金制度などのセーフティネットが不十分と言われる非正規雇用者は労働者全体の3分の1を占め，過去最高水準になっている。また正社員として働く意思があるものの，機会に恵まれず不本意に非正規雇用で働く若者も多い（図序-2）。

　1週間に正規雇用者と同等に40時間以上働く契約・嘱託や派遣などの非正規雇用者も多いが，賃金は正規雇用者よりも著しく低い。また生涯所得に関しても，勤続年数による賃金の伸び率にも差があり正規雇用者とそれ以外の雇用者の間の格差は埋まらない。その上，失業やそれに伴う住居喪失リスクに常にさらされている。

　そして，フルタイムで働いているにもかかわらず生活保護基準以下の収入しかなく，生活に困窮している者（ワーキングプア）も多い。

　政府は様々な非正規雇用者増加に対する対策に取り組んでいるが，一向に減らない非正規雇用者数や貧困問題などから，十分に対応できてい

図 序-1 正規・非正規雇用者数の推移

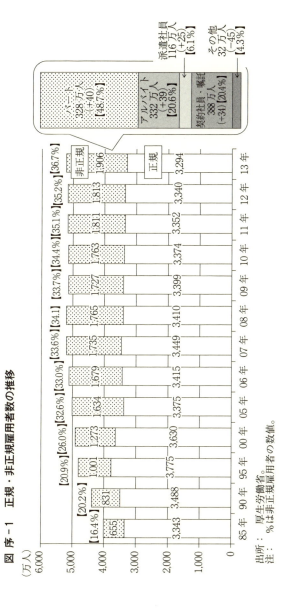

出所：厚生労働省。
注：%は非正規雇用者の数値。

広がる格差と多様化する住まい方　5

図 序-2 不本意非正規の状況

	人　数 (万人)	割　合 (%)
全　体	341	19.2
15～24歳	39	17.8
25～34歳	**84**	**30.3**
35～44歳	72	19.6
45～54歳	63	18.5
55～64歳	64	16.6
65歳以上	19	10.2

出所：　厚生労働省。

るとは言い難い。

　2008年には，アメリカの投資銀行であるリーマン・ブラザーズの破綻（リーマン・ショック）が契機となり世界同時不況に陥った。それまで比較的景気がよかった時期に政府が派遣労働化を推進し，企業は労働力をたやすく確保できるようになったが，突然発生した世界同時不況で派遣による労働力を容易に切り捨てた。突然仕事を失ったブルーカラー労働者や若者が収入を失い，家賃なども払えずホームレス状態に陥っていった。また高学歴高収入であると言われているいわゆる金融エリートは1日にして職を失い，ホームレスになってしまった。

　現代は，誰もが低所得者・ホームレスになる可能性がある不安定な時代である。企業は為替，物価，株価などが不安定な時代に高額な人件費を払えず，派遣労働者に依存し，所得の二極化がますます進行することが予想される。

　収入が少なくても人は生活しなければならない。生活するためには衣食住のためのお金がかかる。その中で特に維持費がかかり，常に喪失のリスクにさらされているのは住居である。一度住むところを失えば，生

活基盤や保障が無くなり再び職に就くことも難しくなる．安定した職業に就くことができなければまとまった収入が得られず，住居費を捻出することは困難となる．

　アパートを借りるには敷金・礼金，仲介手数料等，かなりの初期費用が必要となる．住居にかかる費用は，収入の少ない低所得者にとってはかなりの負担となる．住宅手当や生活保護，公営住宅への入居など公的支援もあるが，審査や抽選などがあり，困窮する者すべてがそれらの支援を受けられるわけではない．支援を受けたくても受けられない，または支援の存在さえ知らない低所得者が多く存在する．

　そのような中，公的機関が支援できていない，またはそういった公的住居を望んでいない低所得層の住宅ニーズに応えた，従来の住まい方ではない新たな住まい方を提供する民間業者が出てきている．

　第1章では，その多様化している「住まい方」の一部を紹介する．

第1章

日本と世界の低・中所得者と住宅事情

第1節

日本の低・中所得者はどれくらいいるのだろうか？

1 日本の低・中所得者の定義

　これまで国民総中流とも言われてきた日本において，「低所得者」「中所得者」と言われてもピンとくる人は多くないだろう。そこでまず低・中所得者とはどのような人で，どのくらいの所得がある人を指すのかを明確にする必要がある。

　厚生労働省が毎年出す社会保障に関する年次報告書に『厚生労働白書』がある[1]。その前身で，1956（昭和31）年に初めて出された『厚生白書』は，「生活困窮者」を「国民としての最低生活すら自分の力だけでは維持できない階層」と定義し，さらに「低所得階層」を「最低生活すれすれの生活をかろうじて維持するにとどまるいわゆる『ボーダー・ライン階層』」と定義していた。つまり戦後の日本では，生活困窮者に対処する生活保護基準を貧困の線引きとし，低所得者は生活保護を必要としないギリギリの階層として位置づけられていた。

　1960年代，高度経済成長期に日本は経済成長を遂げ，国民は豊かになり貧困は解消されたとみなされた。そのため，これまでは行政上の関係法令等に低所得者の定義はなく，「低所得者」という言葉は注目されてこなかった。

　しかし近年，所得の二極化が進行する中で低所得者は増加傾向にあり，

1）厚生労働省（2014 参照）。

様々な問題が表面化してきた。特に貧困に苦しむ若者が増加しており，事態は深刻化している。例えば，生活を親に依存するパラサイト化した若者や，家賃が払えずネットカフェ等に寝泊まりする非定住・ホームレス化している若者が増えているが，これらの若者たちは，外見は普通の若者と変わらず，困窮している状況を公的機関等や他人に相談したり助けを求めたりすることができず，問題が顕在化しづらい状況である。

　2002年，厚生労働省は「低所得者の新たな生活支援システム検討プロジェクト」[2]の報告書を公表し，低所得者の増加を問題視した。その報告書において「低所得者」を「市町村民税非課税」程度の所得者，「特に低所得者」を「それ以下のもの」と表現し，税制上の用語によって定義した。政府は多様化する低所得者を，前述の生活保護を必要としない対象から生活困窮者を含む公的扶助を必要とする対象とみなし，対象を特定するために税制上の用語を使って低所得者を定義したのである[3]。この定義に基づくと，一般的には，単身の場合は年収100万円（所得35万円）以下，夫婦の場合は年収の合計が156万円（所得91万円），夫婦＋子1人の場合は191万円（所得126万円）が低所得者（世帯）となる（2004年度）。日本の1世帯当たりの所得中央値（所得＝収入－必要経費）は451万円（2007年度）から算定すると低所得者は所得中央値の8～28％となる。

　またセーフティネットとしている公営住宅の入居資格を見ると，例えば2009年の都営住宅の所得基準は世帯の人数2人の場合は年収351万円（所得227万円），世帯の人数3人の場合は年収399万円（所得265万円）である。これを所得中央値451万円で割ると都営住宅の所得基準は所得中央値の50～59％となる。この値はOECDが指標としている貧困層（所得中央値の50％以下）の上限とおおよそ等しくなり，都営住宅の入居資格は貧困層と近似していることが分かる。

2）厚生労働省（2002）。
3）小林成隆・西川義明（2010）。

日本の低所得者の定義に当てはまる層には，高齢者も多い。特に単身の高齢者の貧困率は高く，少子高齢化の進む日本において貧困層の高齢者は今後も増加していくと考えられる。増加の一途をたどる若年層の低所得者も含めると，住居に関する問題はかなり深刻化することが予想される。

2　日本の低・中所得者の割合

　日本では貧困層が急増している。厚生労働省の国民生活基礎調査によると[4]，年間所得200万円未満世帯の割合は1992年の13.6%から2011年には19.9%に増加した。同じ時期に，年間所得100万円未満世帯の割合は4.5%から6.9%に増加している。日本の年間所得中央値も549万円から432万円へと低下した。

　日本において，所得中央値の50%以下の層の割合は14.9%（2008年）で，OECD加盟国の中で貧困層比率の大きさを比較すると，メキシコ，トルコ，アメリカに次いで4番目となる。日本の経済政策がアメリカに追随していることを考慮すると貧困層の拡大は当然と言えば当然であるが，将来的に貧困層の拡大が懸念される。この貧困層を低所得層とみなすと低所得者の所得は2011年の指標では所得中央値の50%，すなわち216万円以下となる。

　中所得の定義も明確ではないが，一般的には単身世帯で所得300万～600万円，2人世帯で所得500万～1,000万円と言われている。中所得世帯を入居対象としている都市再生機構（UR都市機構）の賃貸住宅（以下UR賃貸住宅）入居条件である基準月収額は家賃の4倍または33万円，但し家賃が20万円を超える物件については40万円以上となる。また単身

4）厚生労働省（2014 参照）。

者が申し込む場合は基準月収額が25万円となる。URが中所得者向け住宅を提供することを考慮すると、所得400万～500万円、単身者の場合は300万円以上がUR賃貸住宅入居の対象となり、この所得層を中所得層とみなせるだろう。

これらを踏まえて便宜上、所得200万円以下を低所得者、所得200万～600万円を中所得者、所得600万円以上を高所得者と呼ぶ。厚生労働省の2012年の国民生活基礎調査によると所得が200万円までの所得層が19.9％（所得中位値の約50％）、200万～600万円は46.3％（所得中位値の約50～140％）、600万円以上は33.6％（所得中位値の約140％）となっている。

低所得者の割合は年々増加しているが、高所得者の割合も同じく増加している。これは中所得者が減少しているためで、いわゆる所得の二極化が進んでいるのである。

低所得者が増加している状況で近年、多くの若者たちは住宅費を節約するために多様な住まい方を選択してきた。日本ではこれまでも貧困層は存在したが、近年ほど住まい方のバリエーションが多様化した例はないだろう。筆者は家族のあり方の変化が住まい方の多様化と密接な関係性をもつのではないかと考えている。まず日本の人口の変化を見てみる。

日本の人口は明治以降に急速に増加した。1868年に3,400万人、1912年に5,000万人を超え、第2次世界大戦直後の1947年に約7,800万人、そして1967年に1億人を突破した。しかし、2005年に約1億2,800万人とピークを迎え、これから人口減少が始まった（図1-1）。

1947～1949年の第一次ベビーブームでは年間260万人以上、1971～1974年の第二次ベビーブームでは年間200万人以上の出生数と人口増加を記録したが、1987年には134万7,000人となって1966年の「ひのえうま」の出生数を下回ったことから、人口減少への懸念が高まった。そしてその後も出生数は減少を続け、現在の出生数は年間約106万人にまで減少している。

人口の変遷にともない，家族のあり方も変化した。平均世帯人員は「国民生活基礎調査」によると1953年に5.00人だったが，2010年には2.59人となった（図1-2）。この数字は3世代家族が減少し，世帯人員の少ない核家族世帯や単身世帯が増加していることを表している。これは家族のあり方に対する価値観の変化や若年層の晩婚化，非婚化の影響による。世帯人員が多いと家事などを多くの世帯人員で分担することが可能となるが，世帯人員が少ない核家族世帯・単身世帯では収入や家事などを少ない世帯人員で担うこととなり，男性も家事や育児などへの参加が必須となってきた。また，景気が低迷している状況下では給与は横ばいもしくは減額になり，夫の収入だけでは生活が苦しく，妻もパート等で働きに出る共稼ぎの世帯が多くなっている。実際，非正規雇用者の多くは女性である。また小さい子どもがいる場合，待機児童問題などにも直面することになる。つまり，自分たちだけで家事はもちろんのこと様々な問題・課題に対処しなければいけない状況となった。家事代行サービスや託児サービスなど日常生活サービスの充実や生活の利便性の向上により，年々単身世帯，高齢者単身世帯，ひとり親世帯は増加傾向にあり，2035年には単身世帯は4割に達すると予想されている。

　また，教育や就労の機会が得られないために，社会との接点が無く地域社会から孤立化する単身世帯も多く，貧困率も高い。しかし，セーフティネットである現行の社会保障制度は，勤務先の企業からのサポートや家族内でお互いに助け合うことを前提とした枠組みで設計されているため，これらのサポートが受けられない多様化している貧困層の単身世帯に対しては十分対応しきれていない。

　そのため成員が1～2人の低所得世帯では，生活支援を受けたり人に頼ったりすることができず，貧困から抜け出すことが難しくなっている。特に住居の維持は必須であるため，支出のなかで多くの割合を占める住居費を節約することが必要になっている。

図 1-1　日本の人口の推移と将来人口

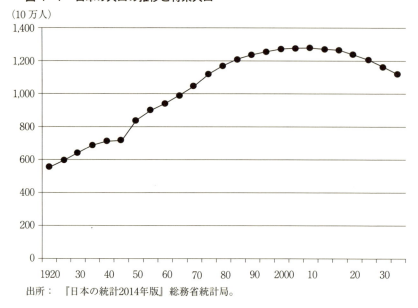

出所：『日本の統計2014年版』総務省統計局。

図 1-2　世帯数と平均世帯人員の年次推移

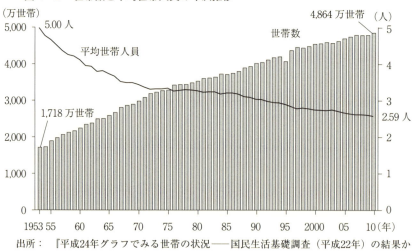

出所：『平成24年グラフでみる世帯の状況——国民生活基礎調査（平成22年）の結果から』厚生労働省大臣官房統計情報部。

日本ではこれまで低所得者を対象としてきた公営住宅と，中所得者を対象としてきたUR賃貸住宅に関しては，積極的な建設を行っておらず，セーフティネットとしては役割を終えた感がある。一部の公営住宅では老朽化にともない，民間資本を導入した建て替えを行っている。

　それでも絶対的な住戸数が不足していたため，リーマン・ショックの時には，家賃を払えない若者はネットカフェを住宅の代わりにしていた。また，若者や高齢者のニーズをうまくつかんだ大家や民間ディベロッパーによる空家を改築したシェアハウスがちょっとしたブームとなり，シェアハウスの住戸数が急激に増加している。さらに，対低所得者ビジネスとして民間マンションの1室を違法なシェアハウスに改修する脱法ハウスなども出現している。

　かつてセーフティネットとして位置づけられた公営住宅やUR賃貸住宅は老朽化や住人の高齢化などの問題により，もはやセーフティネットとしての役割を果たすことが困難な状況である。それらの代わりに民間主導の住宅がセーフティネットとして活用されている。そこでは住宅として計画されていないものが住宅として使われたりして，住まいのあり方も多様化している。核家族・単身世帯がシェアハウスに住み，他人と助け合いながら同じ屋根の下で生活をしたり，ネットカフェでインターネットを使って他人とつながり，職を得たり，わずかな収入を得ながら不安定な住まい方を選択している若者も増えている。

　本章ではこのような状況を新しい住まい方という視点で捉え，紹介し，分析を試みることとする。

第2節

日本の低・中所得者はどこに住むのだろうか？

最近，住宅市場に出ていて，低・中所得者が利用可能な住宅の中から代表的なものを，以下のとおり取り上げた。そしてそれぞれの住宅における住まい方の状況，そこにある課題などを見てみる。

1 公営住宅

2010年の公営住宅ストックは全国に210万戸を超える。公営住宅の入居収入基準は，2007年12月に入居収入基準の引き下げなどの公営住宅法施行令等の改正が行われ，月額20万円から15万8,000円以下となった（2009年4月施行）。入居者の家族構成は夫婦＋子どもの世帯が40％近くを占めて最も多い。また民間の借家と比較すると母子・父子世帯も20％近くあり特に高い（図1-3）。一度入居すると長期間にわたり継続して居住する場合が多い。

公営住宅は低所得者のセーフティネットとしての役割を担っていたが，住戸不足，老朽化により入居しづらい状況となっている。東京都は2000年に，都営住宅の新規建設を行わない「都営住宅ゼロ政策」を導入した。しかし既存公営住宅の老朽化の問題に対処するために，東京都は民間事業者を活用し，都営住宅跡地に建設される一般向け集合住宅の一部を都営住宅として組み込み，老朽化した都営住宅の建て替えを進めている。

東京都青山1丁目アパート（写真1-1）
都心の人気エリアの1つである港区の青山エリア，三宅坂から渋谷を

図1-3 住宅別家族の類型

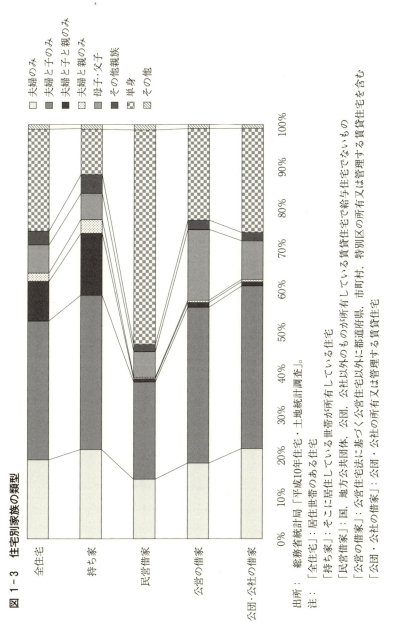

出所：総務省統計局「平成10年住宅・土地統計調査」。
注：「全住宅」：居住世帯のある住宅
「持ち家」：そこに居住している世帯が所有している住宅
「民営借家」：国、地方公共団体、公団、公社以外のものが所有している賃貸住宅で給与住宅でないもの
「公営の借家」：公営住宅法に基づく公営住宅以外に都道府県、市町村、特別区の所有又は管理する賃貸住宅を含む
「公団・公社の借家」：公団・公社の所有又は管理する賃貸住宅

第2節　日本の低・中所得者はどこに住むのだろうか？　19

写真1-1　都営青山1丁目アパート

左側は一般向け高級賃貸マンション。

結ぶ青山通りには高層オフィスビルが立ち並び，人通りも多い。青山通りの南側，外苑東通りと青山霊園に囲まれたエリアが南青山1丁目と呼ばれ，閑静な住宅街となる。

都営南青山1丁目は民間不動産会社，建設会社，商社などが再開発を行った。一般向け高級賃貸マンションと都営住宅が地上で2棟並行して立っているが，地下でつながり全体としては1棟となっている。「都心居住の推進」「少子高齢化社会対策」「多様な都市活動層への支援」をキーワードに都営住宅用地の高度利用を図り，建物は都営住宅以外に港区の公益施設として図書館・保育園，高齢者グループホーム，スーパーマーケット，民間賃貸集合住宅，民間商業業務施設，民間都市活動支援施設として大学院から構成されている。

これは，東京都が進めている民間力を活用した都営住宅の建て替え方式である。その他，都営住宅である港南4丁目第3アパート（港区），東村山市本町地区，勝どき1丁目（中央区）などが同じ方式により建て替えられた。都営南青山1丁目は立地のよさもあり，2008年11月の抽選倍率は募集1戸に対して1,101倍の高倍率であった。

また，都営住宅の高齢化率は50％を超えている。公営住宅は低所得者のセーフティネットと言われているが，多くの自治体では高齢者が優先的に入居しているのが現状である。そのため建て替えによる住戸数の確保が急務であるが，若年層の低所得者に対しては，別のセーフティネットの構築が必要である。

2　シェアハウス

シェアハウスとは

　近年，20代から30代の単身の若者の間で人気があり，リビングルームやキッチン，浴室を共用化し，住人同士のコミュニケーションを重視したアパートメント，通称シェアハウスが増加している。通勤・通学に便利な都心のエリアに低家賃で住める民間の賃貸住居として若者にニーズがあり，現在このタイプのシェアハウスは全国に約1,700物件，2万2,950戸あると言われている。[5] 今のシェアハウスは，もともとは，保証人や初期費用等が必要で一般民間賃貸住宅に入居することが難しい外国人に向けた短期滞在型のゲストハウスがルーツとなっている。

　シェアハウス以前にもこのような共同生活の形態は存在した。古くは戦後復興期の民間家主による通称「木賃アパート」と呼ばれる木造賃貸共同住宅で，風呂なしでトイレやキッチンが共同，1部屋が4畳半から6畳の広さで若者が支払える低家賃で都市圏に大量に建設された。就職の機会を求めて地方から上京してきた大量の若者の受け皿となっていた。

　この時期のシェアハウスである木賃アパートは，現在のコミュニケーションを重視するためにスペースを共有するといった目的のものではなく，単純に低家賃で住むために付帯施設を共用化するものであり，多くの住人は将来，安定した収入を得て持ち家を所有することを目標にしていた。

　同じ，住む場所を他人と共有する形態として，他にルームシェア，寮，下宿などがある。寮は社員もしくは学生といった立場の入居条件を満たした人間が，共同生活をするタイプである。下宿は一軒家の1室に学生などが間借りする形態なので，他人の家族との共同生活となる。ルーム

　5）2013年東京シェアハウス調べ。

シェアはシェアハウスに近いが，複数の人数で住居を共同で借り，一緒に共有して住むスタイルで仲介業者の有無が根本的に異なる。

シェアハウスの形態には個室形式とドミトリー形式がある。個室形式は1人1部屋占有で，キッチンや風呂等は共用するものの，一定のプライバシーが保てる。家賃はワンルームと同額の場合，水道光熱費やインターネットの費用が込みになっているシェアハウスの方が安い。

ドミトリー形式は相部屋タイプのもので，広めの1部屋に2段ベッドを置き，4人から8人程度で部屋をシェアする。専有面積は個室タイプのものと比べるとかなり狭く，古い家屋をリノベーションした場合は，「押し入れが個室代わり」というケースもある。ただ，家賃は2万円台程度と個室タイプのものに比べて格安となる。

シェアハウスの実情

シェアハウスのメリットとして，リビング・キッチンなどを共用とすることで便利な場所に住むことができ，一人暮らしでは持てない広い空間，立派な設備を利用できること，共同生活のため住民同士のつながりが増すこと，家賃を低くできること，などがあげられる。また仲介業者を通さずにネットで直接契約できて，保証人不要，入居手続きの簡便性，初期費用の低さなどのメリットがあり，収入の低い若者などの経済性と住みやすさの両方の要求を満たす居住形態として認識され始めたと言える。

2005年の人口減少から世帯減少時代が到来し，さらに空き家が増加することが予想されるため，賃貸住宅を経営する大家にとってもシェアハウスは空き家を活用する手段の1つとして定着しつつある。さらにシェアハウスの増加に伴い，シェアハウスに特化した仲介業者もあり，市場規模も拡大している。

ただし，多くのシェアハウスのオーナーはシェアハウスを低所得者向

けの物件として普及させたいわけではなく，むしろ住民同士のつながりを重要視する社会人に普及させたいと思っている。

建築基準法上の用途は寄宿舎となる。シェアハウスは既存建物を改修する事例が多く，用途変更により採光の確保などが必要となり，採光が不足する場合は窓を新設するなど大掛かりな工事が必要となることがある。また既存建物の図面が無い事例も多く，やむを得ず確認申請をしないケースもあると思われる。

また，貸し事務所や貸し倉庫といった届出をし，実際は大部屋を2畳，3畳の極小スペースに区切り，それぞれを住居として貸し出しているものがある。これらは脱法ハウスと呼ばれ，窓や防火器具が無い，避難経路を確保していない等，火災時の法的な安全基準を満たしていない。2013年半ば頃に新聞記事でその違法性が取り上げられ，その後，火災事故が相次いで発生し，その存在が明るみに出た。そして社会問題化した後は行政による指導が強化され，その影響を受け，シェアハウスの基準も厳しくなっている。

シェアハウス経営の多くは，民間の営利目的の団体もしくは個人によるものが大半を占めるが，中には貧困層の劣悪な居住状況を社会問題として捉え，住居提供のほか生活・就職支援を一緒に行うNPOなどの団体が運営するシェアハウスもある。

ケース1 「自由と生存の家」プロジェクト（図1-4）

フリーター（アルバイト），パート，派遣，契約，正社員を問わず，誰でも，1人でも加入できる労働組合であるフリーター全般労働組合は，使用されていなかったアパートを自ら改修し，低所得者に貸し出す，「自由と生存の家」事業を行っている。公的資金は入っておらず，運営は民間からの寄付による。

具体的には，自力でアパートを借りることが困難な不安定就労の人々

図1-4 「自由と生存の家」見取り図

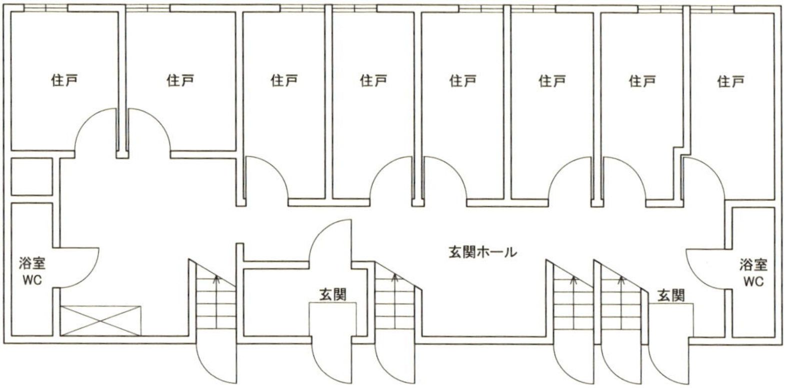

出所： 筆者作成。

に対して，古いアパートを改築し，初期費用，保証金なしの低家賃で賃貸している（家賃3万5,000～6万円）。入居者は，生活や就労などの相談を気軽にすることができ，入居者同士が生活上の問題を話し合う会も月に一度行われる。単なる寝場所としての住宅ではなく，入居者同士がゆるやかなつながりの中で助け合い，相談し合える場になっている。また，別に「自由と生存の家実行委員会」により，月に一度「野菜市」が開かれ，生協や農家から市販のものより安値で提供してもらった有機・無農薬野菜を入居者が販売し，地域住民との交流やすぐに仕事を見つけることが困難な人の収入源と就労トレーニングとして役立っている。

自由と生存の家は2棟で構成されていて，A棟は1階に8室（各4畳），2階に4部屋（各6畳＋2畳キッチン），B棟は1階に自由と生存の家実行委員会事務局，2階に3部屋（4畳，5畳，6畳）で構成されている。A棟の1階の4畳一間の居室の中には，水まわり設備はない。住人が共同で使う，トイレ，シャワー，台所が2つずつあり，その他洗濯機と乾燥機が設置されている。

ケース2　NPO法人「ほっとポット」

さいたま市のNPO法人の独立型社会福祉士事務所が、自ら大家となり、支援つきアパートとして、収入が十分でない若者らにも低家賃の物件をあっせんしている。借金の相談から就職まで、専門家が様々な人々の生活支援を行っている。現在、一戸建て9軒とアパート3棟を運営し、54人を受け入れている。部屋は、NPOの活動に賛同してくれた民生委員や仲介業者などから借り上げたアパートの一室を格安の家賃で提供している。

そのほかシングルマザーを対象としたシェアハウス、ペアレンティングホームと言われるものもある。こうしたアパートには、各個室と、共用スペースとしてリビングダイニング、キッチン、洗面所、風呂・シャワー室などがあり、子どもの世話をある時間帯にベビーシッターがしてくれるサービス、チャイルドケアサービスがついている。仕事をしながら子育てを両立させなければならないシングルマザー同士が共同生活をし、助け合いながら安心して子育てをしていくことを目的としている。

特に子どもを持つひとり親世帯は、育児と就労の両立のために選べる職種が限られ、臨時、パート、非正規雇用等といった不安定な職に就くことが多くなっている。収入面でも生活面でも子どもを養いながら単独で生活していくにはかなり厳しい世帯が増加してきたことにともない、こういった相互扶助的なシェアハウスのニーズは今後も増えていくことが予想される。

3　脱法ハウス

シェアハウスが人気となった後、違法貸しルーム、通称「脱法ハウス」と呼ばれる賃貸住宅が出現した。一般の賃貸住宅の契約ができない

人々に向けて，大手インターネットカフェ運営会社が都内にシェアハウスを展開していたが，そのシェアハウスが法令違反をしていたことが表面化した。これがきっかけとなりマスコミは違法なシェアハウスを「脱法ハウス」と呼んだ（図1-5，6）。

この脱法ハウスは通称「押し入れハウス」と呼ばれ，窓のない部屋を押し入れ分1畳くらいに分割し，その1つ1つを貸し出して光熱費込みで月2万～3万円の家賃を課す。シャワーとトイレ，台所は共同。敷金・礼金はない。

アジアからの留学生の利用が主だったが，2008年の世界的金融危機以降は留学生が減り，20～50代の日本人のフリーターの利用が多くなっている。生活保護を受けている住人も多い。

また同じような形態で都心の駅近くにあり，押し入れのような場所で生活する月3万円程度の「コンビニハウス」と呼ばれるものもある。通勤など日々の交通費の捻出が難しい場合，都心のより便利な場所に住むことは必然となる。

大手インターネットカフェ運営会社の脱法ハウスは木造2階建てに2～3畳程度に仕切られた窓のないスペースが37室貸し出され，24時間レンタルオフィスとして届けられていた。しかし東京消防庁は居住実態があるとし，共同住宅と認定した。他のシェアハウスも同様の届け出を行っていることがあり，法令違反かどうかの判断が難しい。

しかしここで取り上げている脱法ハウスは，便のよい東京都中野区内で光熱費込みで約5万円と設定されていた。違法建築に加え，通常の賃貸契約とは異なる，「即時解約」を設けた入居者側に不利な契約にもかかわらず，ほぼ満室状態であった。

また東京都練馬区の脱法ハウスの場合，各階の床の大きさがおおよそ19m×21mの台形型をした鉄骨3階建て事務所・店舗用ビルの2・3階がシェアハウスとしてインターネットに紹介されていた。ラブホテル

図 1-5　脱法ハウス　平面イメージ

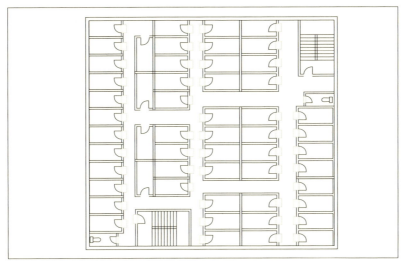

出所：　国土交通省。

図 1-6　脱法ハウス　内観イメージ

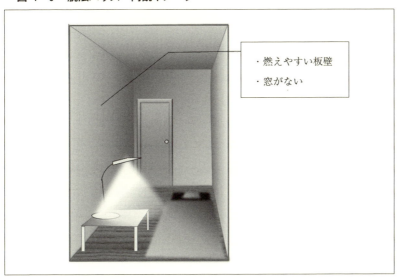

出所：　国土交通省。

第 2 節　日本の低・中所得者はどこに住むのだろうか？

などを経営している会社が2009年にオープンさせた。この建物も共同住宅としての届け出がなかったが，住人の存在が確認され，さらに外観上，窓などの開口部がほとんどなく，違法建築物の可能性が高いとされ，消防庁と区の建築課が査察を行った。その結果，約60室に区切られたフロアには，窓はほとんどなく，換気システムが不充分であったため，消防法や建築基準法に違反している危険な建物として指導対象となった。その直後にトイレ火災が起こった。

　脱法ハウスが明るみに出た結果，国土交通省はシェアハウスに対する規制を強化し始めた。シェアハウスの多くが空き家などをうまく改修して活用するのだが，用途変更による建築基準法上の採光などの規制に対し対処が難しい場合も多いのが現状である。全国にあるシェアハウスのうち約2割程度が違法と言われている。今後，シェアハウスに対する規制がより強化されれば，多くのシェアハウスが閉鎖に追い込まれたり，シェアハウス事業から撤退する事業者が増えることが懸念される。

　部屋には窓がなく，立ち上がることもできない天井高の極小スペースで一度火災でも起きたら生死にかかわる危険性の大きい脱法ハウスは，居住空間としての安全性，快適性の点からみれば，人が住むべき環境ではない。しかし，格安で入居しやすいためニーズが高く，職の当てが無いまま職を求めてトランク一つで上京してくる若者たちや，ネットカフェにさえも寝泊まりできない生活困窮者たちにとって，よりどころとなっているという現状がある。

　行政はそれらの脱法ハウスを違法貸しルームとして取り締まるが，これに代わる支援策を打ち出しているわけではない。生活困窮者に対する住宅政策が遅れているのは明らかだ。

4　ネットカフェ

　2007年の流行語となった「ネットカフェ難民」は，家賃の滞納や，家庭の事情などで住む家を失い，24時間営業のネットカフェやマンガ喫茶で夜を過ごし，日雇い派遣労働などで収入を得ている人たちのことを言う。企業が正社員の雇用を控え，非正社員の雇用を増やしたことや，フリーターの増加で2004年ごろからネットカフェなどを生活の場とする人が増えた（図1-7）。

　2000年代に入って，賃貸住宅に入居できず，パソコン設備に加えてシャワー，飲食のできる比較的安価で手軽なネットカフェに長期滞在する人々が増えてきたと言われている。

　2007年1月に兵庫県で起きたカラオケボックスの火災によって，遊興のための設備等を個室に設置するネットカフェなどの施設に対する消防法上の規制が厳しくなった。

　ネットカフェの個室での長期滞在は法的には住所として認められず，住所不定となる。そのため住民票が抹消される可能性があるため，ホームレスと同様の法的問題を抱えることになる。例えば住所不定により住民基本台帳に登録がなくなり実印登録ができないため，賃貸住宅の契約ができない可能性がある。また運転免許証の更新，選挙権の剥奪など法的権利の多くが失われることになる。2007年の厚生労働省の調査では，ネットカフェなどの24時間営業の店舗に寝泊まりする人は全国で5,400人と推定されている。東京都では，防災目的で2010年7月よりネットカフェ入店に際して本人確認書類の提示を義務づける条例，インターネット端末利用営業者の規制に関する条例が施行され，ネットカフェを利用できなくなった若者ホームレスが増えた。

　今はパソコンやスマートフォンなどのITメディアの普及により，多くの若者がデジタル指向となった。スマートフォンがあれば仕事の求

図1-7 ネットカフェ見取り図イメージ

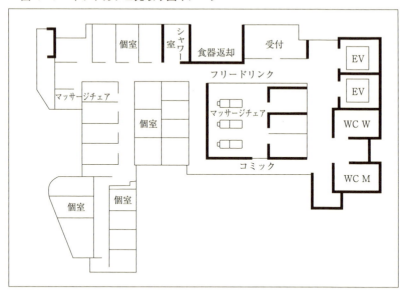

出所: 筆者作成。

人・バイト情報が手に入るため，遊牧民的ライフスタイルが可能となる。

また，インターネットの普及によってパソコンがあれば他人とのチャットからショッピングやビジネスまで様々な欲求を満足させることができる。最近の若年層の傾向として，バーチャル体験によりリアルな「もの」を所有する欲求が少なく，あまり自分の物を持たずに生活する遊牧民的なライフスタイルを享受しやすくなっていると言える。特にネットカフェは都市部の立地のよい場所にあり，フリードリンクや漫画・雑誌・ビデオ，シャワー設備等，若者のニーズを兼ね備え，単身の若者にとって一時的な時間を過ごすには居心地のよい場所となっている。ネットカフェなどに寝泊まりすることが社会問題となっているが，多くの若者に受け入れられている。もし法改正によってネットカフェなどの長期滞在が住居として法的に認められれば，新たなライフスタイルとして定

着するのかもしれない。

5 ホームレス

　ネットカフェ，脱法ハウスは法的な問題が多いが，低所得者のセーフティネットが機能していない現状では，住宅に困窮する低所得者の受け皿としての役割を果たしている。しかし建築基準法や消防法などの基準を満たしておらず，安全性などに問題が残る。近年，ネットカフェの長期滞在や脱法ハウスに関連したシェアハウスの規制が強化され，それらで生活していた人々が住む場所を失ったケースも多い。ホームレスは路上生活を余儀なくされ，公園などに定住して生活したりする定住型と，ネットカフェやファストフード店などを転々と移動して生活する移動型の2通りに分類できる。ネットカフェ難民も広義ではホームレスに含まれる。

　ホームレスは格安のシェアハウスにも脱法ハウスにも入居できない層であり，生活支援が必要である。特に若年層のホームレスの数は増加傾向で，中高年のホームレスとは異なり，その存在が分かりくい。若年層ホームレスはあえて，路上に出ず，ホームレスの集まる場所（炊き出し等）を避け，身なりもホームレスと分からないよう気を使っているので，一見ホームレスと認識されない。ネットカフェやファストフード店等を転々とし，行政からも把握されず，困窮していても公的支援を受けられない。多くの者は就労経験や一般的な社会生活をしていた経験があり，年齢的にも再就職しやすいはずだが，定住する場所＝住所がない，連絡できる携帯電話を持っていない等，ホームレスであるために就職することが困難となっている。また，過去の職場体験がトラウマとなり再度就職することができないなど，心の病を抱えている者も多く，再び就労することが難しくなっている。このような，社会から孤立し自立する力の

弱い若年層ホームレスの支援は緊急を要する。

　2007年の厚生労働省の調査では，日本のホームレスは1万8,564人で大阪府と東京都のホームレスの人数を合わせると，ホームレス全体の過半数となり，大都市圏に集中している。参考までに，2006年の保健福祉省（Department of Health and Human Services）の調査によると，アメリカでは国内に約60万人のホームレスが存在する。中高年に多い定住型ホームレスは，建築現場からもらってきた廃材や拾い集めた木片や段ボール，青いビニールシートなどを使って，小さな仮設の住居を公園や駅構内などに作りそこで生活する。

　一昔前は都心の駅や公園によく見られたハウスだが，現在は多くの公共の場所でこれら段ボールハウスの設置が規制されている。東京都は路上生活者を都営アパートに転居させる施策を通じて，路上にあるハウスの数を減らしている。今は，河川敷や一部公園などで古くからある青いビニールシートのハウスが見られる程度である。年々増える若年層ホームレスとは反対に，中高年のホームレスの数は自立支援センターや緊急一時宿泊所等の公的支援を受け，減少してきている。現在のデジタル化され，余剰の無い社会は，もはやアナログで生活する中高年ホームレスには生きにくい社会となっているのかもしれない。

第3節
世界の貧困の現状と割合

　第1節と第2節では日本の低・中所得者を見てきた。日本は世界第2位の経済大国であったが，2010年に中国に次ぎ3位となった。世界的に見れば依然豊かな国であるが，所得の二極化が進行し，貧富の差が以前よりも増している。一方，グローバル化が世界的に進行している状況で，世界の低・中所得者はどのような状況にあるのか。また，どのような住まい方をしているのだろうか。日本の状況を念頭に置いて見ていく。

　世界においては経済協力開発機構（以下OECD）が各国の貧困率を比較している。OECDは所得中央値の50％未満を貧困者と定義している。所得中央値とは，すべてのデータを小さい順に並べた時に真ん中にくる値のことである。中央値の半分以下の人々を貧困層と呼んでおり，所得いくらといった絶対的な金額が決まっているわけではない。各国ごとに物価やGDPが異なるため，所得金額だけで絶対的な定義づけをすることには，無理がある。

　この指標によると日本の貧困率は2009年において約16％とアメリカを抜き，OECD諸国の中でかなり上位である。日本はかつて一億総中流とも言われていたが，今や世界でも有数の格差社会になってしまったようだ。

　アメリカは格差の大きい国の1つである。例えば2010年のアメリカの貧困家庭で1世帯家族4人の年収は2万2,314ドル以下となる。1ドル100円で換算すると年収約220万円となる。この定義によるとアメリカ国内人口約3億900万人のうち，約4,620万人が貧困層である。割合にして国民の約15％が貧困層であることになる。

富裕層と貧困層の格差を見ていく。2005年のOECD諸国平均の所得分位の上位10％（富裕層）の所得は，下位10％（貧困層）の8.9倍だった。そしてアメリカは約16倍，日本は約10倍であった。ちなみに格差の小さいデンマークだと5倍を切る程度であった。下位10％の平均所得は日本の場合6,000ドル（1ドル100円として60万円）とOECD加盟国平均以下になった。一方，日本の上位10％の平均所得は6万ドル（1ドル100円として600万円）で，OECD加盟国平均の5万4,000ドルより高い。また，所得格差が大きい国ほど貧困率が高くなる傾向にある。OECDはOECD諸国で格差が拡大し，相対的貧困率も上昇していると報告している。属性別では，子どもを持つ世帯や若年層の貧困率が上昇し，非正規雇用として働く若年層やひとりで子どもを養育しているひとり親世帯は貧困になるリスクが高い。

　ILO（国際労働機関）は2012年の報告書で，若年層は専門知識や経験が乏しいため，失業リスクは他の年齢層と比べ3倍も高いと指摘。単身で非正規雇用として働く若年者は失業し，経済的に困窮しても誰からもサポートが得られないため貧困に陥りやすい。また，ひとり親世帯でも子育てと仕事を両立させるため，非正規就労で家計を支える者が多く，経済的に不安定である。日本は大人一人で子どもを養育している世帯の貧困率がOECD加盟国の中で最も高く，特に母子世帯の貧困は深刻である。その結果，年々，先進国の間で顕著化する子どもの貧困が社会問題となっている。

第4節

世界の住宅政策

　貧困問題はもはや発展途上国だけの問題ではなく，それらの国々に経済支援を行う欧米諸国や日本などの先進国においても，所得の二極化に伴って住居などを失い，生活に困窮する貧困層が年々増加し，深刻な社会問題化している。

1 移民と所得格差

　政治・経済・文化的領域などにおけるグローバル化，いわゆるグローバリゼーションの影響により，人・カネ・モノ・情報が自由に国境をこえ，世界規模で広がるようになった。社会学者サスキア・サッセンは，グローバリゼーションという現象が1980年代に高度先進諸国で，1990年代には世界の残りの大部分の国々で出現し始めたこと，そして高度先進諸国の大都市における非正規雇用などのインフォーマル経済[6]の成長，高所得層によるジェントリフィケーション（高級化），ホームレスの急増などを例として挙げ，先進諸国の主要都市においてグローバリゼーションによる社会経済的あるいは空間的な不平等が急激に増大していることを指摘している[7]。そこでグローバリゼーションの影響下で「社会経済的

6）「官民を問わず経済のあらゆる部門で実行される可能性があるインフォーマルな仕事と，法律上または実際上，公式の取り決めが十分に，または全く適用されていない経済単位や労働者によるあらゆる経済活動」（ILOによる）。

7）サッセン，サスキア（2004）。

あるいは空間的不平等」を形成する諸要因のうち，住宅問題と密接な関係があると思われる移民と所得格差に注目する。

移民の増加は日本に限らず世界各国において顕著な動きである。国連は2005年に1億9,000万人が移民したと推定しているが，これは世界人口の3％未満である。しかしこの3％未満の人口移動が安価な労働力の供給源となる一方で，貧困層の移民に対する住宅提供が必要となり，移民コミュニティが形成されることに対する地元住民感情との軋轢などを引き起こしている。

所得格差については経済のグローバル化が進むにつれ，所得の二極化が拡大していると言われている。それは，この世界がゼロサムゲームであり，誰かの所得が増加するとその分誰かの所得が減るようになっていることによる。そして，グローバリゼーションが進むにつれて扱われる経済規模が巨大になるため，地域間，産業間，世代間，男女間において所得格差が生まれてしまう。所得格差のある人々が同じ生活スタイルを維持することは難しいため，様々な生活スタイルに適応する住まいが必要になっている。

図1-8，1-9から，日本と欧米主要国の移民の増加率と所得格差の度合いをみる。

図1-8より日本と欧米主要国の全人口における外国人の割合をみると，すべての国々で外国人の割合が増加していることがわかる。そして特にアメリカ，スウェーデン，ベルギー，イギリスで増加が著しいことが読み取れる。ここでいう外国人とは外国で生まれた人，または外国籍の人の両方を含む。そのためここに含まれる外国人の子ども，いわゆる二世は含まれない可能性もあるが，いずれにせよこの表が示す外国人の多くは移民であると考えられる。図1-8は，1990年代以降，多くの国々で移民が増加傾向にあることを示していると言える。

欧米諸国は，労働力不足を補うためにこれまで移民政策に積極的に取

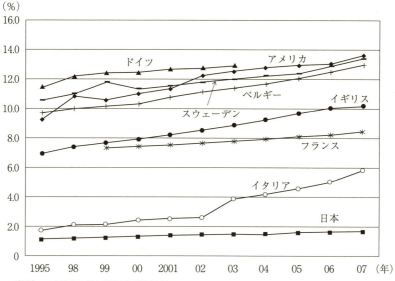

図 1-8　全人口における外国人の割合

出所： OECD FACTBOOK 2010.
注： イタリア，日本，ドイツは外国人人口，それ以外は外国生まれの人口となる。

り組んできた。その結果，欧米主要国では1990年代においてすでに，人口の10％を超える移民を受け入れている国が4カ国あった。移民は労働の流動性が高く，その流動的な労働力は各国間または国内の地域間の労働力の不均衡を是正する方向に働くことが多いことが分かっている。安価な労働力の供給という意味では移民政策はプラスに機能したと言えるが，移民の割合が高まるにつれ，様々な問題が浮上してきた。移民の子どもを受け入れる学校が多民族化することによる問題，福祉関連予算の増大，文化の違いによる軋轢，暴動などによる治安悪化など。欧米主要国のなかでも，ドイツやフランスでは移民政策の失敗を表明している。

日本では2005年に人口減少時代に突入し，労働力を補うために外国人労働力を受け入れる機運が高まっている。日本の移民受け入れについて

は，1985年のプラザ合意による円高を背景にいわゆるバブル期に多くの外国人労働者が流入した。その後1990年代末に，将来的な少子高齢化社会における労働力不足の懸念から移民受け入れを模索したが，日本政府は「専門的・技術的労働者は積極的に受け入れ，単純労働者の受け入れは慎重に対応し，移民受け入れは時期尚早」という枠組みまでを変えるまでには至っていない。しかし日本政府の思惑とは異なり，2012年の厚生労働省の外国人雇用状況によると外国人労働者68万2,450人のうち，実際は，専門的，技術的分野の就労目的で在留が認められる外国人の割合は全体の17.6％に対し，その他の様々な分野で報酬を受けることが可能な，定住者（日系人）や日本人配偶者等で構成された身分に基づく在留資格者は46.6％，資格外活動（留学）が15.9％，技能実習が19.7％，特定活動が１％となり，外国人労働者の過半数以上が単純労働に従事しているのが現状である。

　移民現象において，人口が増加している国では移民を送り出し，人口が減少している国では移民を受け入れる構図が成立する。そのため一般的には貧困層が労働力として移民となることが多く，移民先の国の労働力を補う一方で，移民が居住する場所や低家賃の住宅の供給が移民受け入れ側の課題となる。現在は労働力の流動化が以前にもまして活発化しているため，移民の住宅問題はますます顕在化していくことが予想できる。

　また図１-９では，ジニ係数を国際比較することにより所得格差の程度を明らかにした。ジニ係数とは主に社会の所得分配の不平等さを測る指標である。図１-９において最も所得格差の大きい国はアメリカであった。またいくつかの国では2000年以降，所得格差が緩和する傾向が見られたが，所得格差が一貫して小さくなっているのはフランスのみで，その他の国々ではドイツを除き1984年以降，所得格差が大きくなっている。日本は表中では中位にあるが，1984年以降，所得格差が広がる傾向

図 1-9　等価可処分所得のジニ係数の国際比較

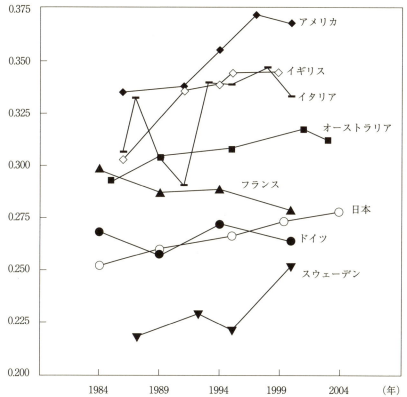

出所：　日本以外はルクセンブルク所得研究（LIS）プロジェクト，日本は全国消費実態調査結果。ただし，1994年以前は経済企画庁経済研究所経済分析政策研究の視点シリーズ11，総務省ホームページ参照（2011年6月9日）。

が見られた。

　日本における所得格差については，大都市と地方のいわゆる地域格差の問題と正規雇用者と，パートやフリーターなどの非正規雇用者の間の格差の問題との大きく分けて2種類が顕在化している。またアメリカなどの先進国では，技術革新によって未熟練労働者の所得機会が減少して

いることや，グローバル化のなかでの貿易の拡大と労働のアウトソーシング化によって，先進国内の労働が低賃金国の労働に置き換わっていることが所得格差の要因になっている。先進国の労働のアウトソーシングにより，発展途上国では急速に資本主義経済が導入された。そしてそれによって生まれた一部の富裕層と多くの貧困層の所得格差が政治的混乱，暴動などを生んでいると言われ，グローバリゼーションは先進国だけでなく発展途上国の社会不安をも生んでいる。

　欧米諸国では産業革命以降，急速に進んだ工業化により所得格差が広がった。多くの欧米諸国では，所得格差が生まれることによる社会不安に対処するために，様々な所得再分配の政策を行ってきた。累進税制，地域間の所得再配分，保険などの福祉，教育・医療制度，住宅政策など。これらの所得再分配の施策は現在まで続けられているが，それを可能にしているのは高い税金である。日本の場合，市場で稼ぐ所得についてのジニ計数は平等であるほうだが，個人の可処分所得については先進国の中では不平等な国となってしまう。これは，日本がまだ高い税率ではないため，税・社会保障を通じた政府による再分配が欧米諸国に比べて小さいからである。そのため日本と世界では低所得者に対する住宅政策などが大きく異なるが，日本では公営住宅というセーフティネットの崩壊後，これまで見てきたようなインフォーマルな居住により，貧困層の存在があまり顕在化せずに済んでいたとも言えるだろう。

　しかし，近年の消費税率の引き上げは，日本においても欧米諸国のような強力な所得再分配政策へと移行する可能性があることを示唆している。

　移民の増加と所得格差の進行は，都市人口の増加による住宅不足，低所得者向け住宅政策に対する財政支出の増加，ホームレスの急増などに伴う居住環境の悪化等の住宅問題をすでに欧米主要国で引き起こしている。今後，それらの住宅問題が世界共通の課題として顕在化していくこ

とが予測できる。そこで次項では，日本と欧米主要国の住宅政策の歴史を概観し，それらの国々での住宅政策の動向を探る。

2　日本と欧米主要国の住宅政策の歴史

日本と欧米諸国の住宅政策の歴史については，研究が進んでいる。そこで，日本と欧米主要国からアメリカ，イギリス，フランス，ドイツを選び，それら5カ国の住宅政策の歴史を概観し，日本と欧米主要国の低所得者向け住宅政策の特徴を比較してみよう。

日　本[8]

(1) 戦間期（1914～1945年）

1918年——
- 大阪市，東京市で市営住宅建設，東京市では市営住宅設計方針を1918年7月に東京市会で可決した。

1922年——
- 住宅組合法が公布され，持ち家を建設したいとする7人以上のメンバーからなる組合に建設資金を低利融資する。1921～34年の間に住宅組合に7,400万円融資され，約3万5,000戸の住戸が建設された。

1924年——
- 財団法人同潤会が設立。設立当初は被災者向け木造住宅建設を行ったが，復興後の1925年からは時代の先端をいくモデル集合住宅としてRC造アパートメントを建設。

1925年——
- 当時，北海道帝国大学教授であった森本厚吉が私財を投じて設立し

---

8) 国土交通省住宅局ほか編（2009）；海老塚良吉（2007）。

た文化普及会によって日本で最初のRC造共同住宅である，御茶ノ水文化アパートが建設された。

1941年——
- 低所得者向け住宅は政府が直接，供給すべきという考え方のもと，内務省社会局が都市の労働者に住宅供給を進めるため住宅営団を設立し，6年間で30万戸の住宅を計画。

(2) 第2次世界大戦以後（1945年～）

戦災復興

1945年——
- 戦災復興院設置。

1946年——
- 住宅営団閉鎖。

1948年——
- 建設省設置，戦災復興院を改組。

制度創設期

1950年——
- 住宅金融公庫法，住宅を建設・購入するものに長期・低利の資金を融資した。

1951年——
- 公営住宅法，地方公共団体による公営住宅建設が始まる。

1955年——
- 日本住宅公団法，都市人口の増大に対して政府機関による住宅供給が必要であるとして1955年に日本住宅公団が設立。住宅供給体制の3本柱が確立。

公共住宅の大量供給

1966年——
- 住宅建設計画法が制定，国・地方公共団体だけでなく，民間住宅建

設を含む総合的な住宅建設5カ年計画が閣議決定された。

量から質へ

1973年——
- すべての都道府県で住宅総数が総世帯数を上回り,「1世帯1住宅」が達成,戦後20年間の住宅不足が解消された。

居住ニーズの多様化

1981年——
- 第4期住宅建設5カ年計画,住環境水準を設定した。

1986年——
- 第5期住宅建設5カ年計画,平均居住水準の達成,誘導居住水準を設定した。

住宅政策体系の再編

1990年代後半——
- 市場を活用した住宅政策の展開,多くの制度の見直しが行われた。

アメリカ[9]

(1) 第1次世界大戦前(～1914年)

1867年——
- テネメント住宅法,アメリカにおける最初の住宅建築規制(ニューヨーク)。

1901年——
- テネメント住宅法,1867年のテネメント住宅法より規制水準を高めた。

---

9) 小玉徹・大場茂明・檜谷美恵子・平山洋介(1999)。

(2) 戦間期（1914～1945年）

連邦政府の最初の介入

1917年――
- 緊急商船公社設立，連邦政府による住宅供給への最初の介入。

持ち家政策の確立

1934年――
- 全国住宅法，連邦住宅庁による住宅モーゲージへの公的保証の供給。持ち家政策の本格化。

公共住宅の「残余化」

1937年――
- 住宅法，公共住宅の恒久的制度の確立。連邦補助を使用した公共住宅庁による公共住宅の供給。

(3) 第2次世界大戦以後（1945年～）

大都市における深刻な貧困問題への取り組み

1964年――
- 本格的な貧困問題への取り組みが開始。貧困問題・住宅問題・インナーシティ問題への連邦政府の取り組み強化が宣言される。
- 経済機会法，コミュニティ・アクション事業による都市貧困地区の改善施策を開始。連邦政府がコミュニティ・アクション機関に対して直接的に支援。"最大限の可能な参加"による住民の直接参加。

新連邦主義への政策転換

1974年――
- 住宅・コミュニティ開発法，多様な補助住宅をセクション8の家賃補助に統合。多様なコミュニティ開発をコミュニティ開発包括補助に統合。連邦補助はカテゴリー・グラントからブロック・グラントに転換。地方主導の「新連邦主義」が具体化。

新自由主義の強化

1987年──
- バウチャーの恒久化，補助住宅の繰り上げ償還問題への対応を試行。

1990年──
- HOME投資パートナーシップによるブロック・グラント，民間非営利組織への支援が本格化。HOPEプログラムによる公共住宅の売却施策。連邦補助を申請する州・地方政府は包括的住宅アフォーダビリティ戦略の策定が義務化。

1993年──
- 歳入調整法，タックス・クレジットの恒久化。

イギリス[10]

(1) 戦間期（1914～1945年）

1915年──
- 家賃制限法，1919年住宅法を契機に住宅問題に政府が介入し始めた。それ以前の政府の住宅市場への介入はスラム・クリアランスを中心としたものに限られていたが，第1次世界大戦による住宅建設の停滞と軍需工場への労働力の移動が家賃の上昇を招いたことにより，住宅問題が政府によって扱われるようになった。
- 家賃・抵当利子制限法により民間借家の家賃を第1次世界大戦開始時点のレベルに凍結。

1919年──
- 住宅・都市計画法により大量の公営住宅建設を開始した。

持ち家の増大

1930年代──

---

10) 前掲注9) をもとに作成。

- 一般の住宅需要を民間市場に委ね，公的な介入を低所得層へ残余的に行う保守党による住宅政策が顕在化した。

(2) 第2次世界大戦以後（1945年～）

公営住宅の「大衆化」

1946年——
- 住宅法により公営住宅の大量建設，それに伴い住宅水準が向上した。

1947年——
- 都市・農村計画法，両大戦間期に問題となった大都市郊外における市街地のスプロールを抑制するために制定された。あらゆる種類の土地開発をコントロールする権限が地方自治体に付与され，ディベロップメント・プランの策定が義務づけられ，郊外開発抑制のためにグリーンベルトが拡大された。その結果，持ち家建設のための土地の供給は制限され，地価が次第に上昇した。

1951年——
- 民間セクターの住宅建設が増加，1964年にピークを迎えた。

スラム・クリアランス

1954年——
- 公共セクターの住宅建設が減少，同時にスラム・クリアランスによる取り壊し，封鎖が開始された。

1956年——
- 住宅法，大蔵省補助金をスラム・クリアランスと高齢者住宅に限定。

持ち家の普及，公営住宅の「残余化」

1970～1974年——
- 保守党が政権を握り，住宅の公営化に対する懸念からそれに対処する施策を行った。

1972年——
- 住宅法，公営住宅の家賃レベルを民間賃貸に適用されている公正家

賃まで引き上げた。

1974年——
- 住宅法，インナーシティの居住環境の問題が深刻化。地方自治体は住宅改良地区の土地取得と改良についての権限を付与されたハウジング・アソシエーションと提携。

公営住宅の払い下げ，貧困の拡大

1980年——
- 住宅法，公営住宅の入居者への払い下げ。

1979～1985年——
- 持ち家の貧困世帯は44％から29％へと低下し，公営住宅の貧困世帯は43％から57％へと上昇した。

1982年——
- 民間借家への家賃補助。

1980年代中頃——
- ホームレスが増加。

1988年——
- 住宅法，すべての民間賃貸とハウジング・アソシエーションに公正家賃に代わって市場家賃を導入。その影響として家賃の上昇が起こった。

1988年——
- 公営住宅の大規模自主的移管（LSVT）。

1990年代——
- 住宅の自由市場化。

1995年——
- 地方住宅会社（LHC）設立，公営住宅の移管。

フランス[11]

(1) 第1次世界大戦前（～1914年）

民間非営利組織による住宅建設

1890年——
- 低廉住宅協会の設立，民間による住宅供給。

住宅供給への公共介入

1912年——
- ボヌヴィ法で低廉住宅公社の設立。

1894～1912年——
- 協同組合方式による低廉住宅運動の展開期。

(2) 戦間期（1914～1945年）

社会住宅供給制度の確立

1928年——
- ルシュール法，低廉住宅公社に公的融資，戸建て住宅を中心に大量建設が行われた。ボヌヴィ法とルシュール法によって供給主体を地方公共団体が，助成融資を国が受け持つという枠組みができた。

1930年——
- 法律によって社会住宅の住居基準は低廉住宅（HBM），改良低廉住宅（HBMA），中家賃住宅（ILM）の3つのカテゴリーに分けられた。

(3) 第2次世界大戦以後（1945年～）

戦後の深刻な住宅不足

1947年——
- 社会住宅の建設に国庫補助による超低利融資が実施された。

1948年——
- 借家法の制定と家賃補助制度の創設。既存賃貸住宅の家賃を統制し，

---

11) 前掲注9) をもとに作成。

借家人の保護を図るとともに新規供給民間賃貸住宅の家賃を自由化し，家族住宅手当（ALF）を導入。これにより「石への援助」のみならず「人への援助」を行う方式は現代につながるフランスの住宅政策の基本的な枠組みとなった。一方，家賃統制により，家主は維持管理を放棄し，建物の老朽化，スラム化が進んだ。

社会住宅制度の再編

1950年——
- 低廉住宅（HBM）組織は適正家賃住宅（HLM）組織に改編。国家のイニシアチブにもとづく社会住宅供給体制の確立。

1950〜1960年代——
- 農村部から都市部への人口流入，アルジェリアからの引揚者によって都市人口が増大した。

1954年——
- ホームレス救済キャンペーン。

1950年代後半——
- 社会住宅が飛躍的に増加。

直接支援から間接支援へ

1960年代——
- 中間所得層を含む都市勤労者の住宅不足，移民労働者の住宅確保が政策課題となり，社会住宅の建設に向けられて国家予算を圧迫した。

1961年——
- 再居住用住宅（PSR），正常家賃住宅（ILN）の建設を促す社会住宅融資制度改正。これにより社会賃貸住宅融資区分の細分化が行われた。

1964年——
- 住宅ローン利子控除制度，持ち家取得の促進。

移民の増加

1960年代後半――
- 新たに社会住宅に入居する世帯の所得水準が低くなり，移民も増加し，社会住宅の入居者構成は大きく変わった。

1977年――
- 住宅融資制度改革。戦後住宅政策の転換点。住宅市場への国の介入を弱めていくために，「石への援助」から「人への援助」，「フロー」から「ストック」へと重点を移行させた。加えて持ち家政策の強化，民間賃貸住宅への公的支援の拡充。

住宅金融の規制緩和

1980年代後半――
- 国際的な金融自由化の流れを受けて，住宅金融の規制緩和が加速された。一連の制度改革によって1980年代末には住宅政策分野における財政支出はおおむね抑制された。しかしその結果，助成住宅建設戸数は落ち込み，アフォーダブル住宅を確保できない世帯が増大した。

1996年――
- 連帯割増家賃に関する法律。HLM組織に，社会住宅入居基準所得の上限超過者から割増家賃を徴収することを義務づける。

ド イ ツ[12)]

(1) 第1次世界大戦前（～1914年）

公益住宅企業の誕生

1848年――
- ベルリン公益建設会社，市の縁辺部で住宅建設。

---

12) 前掲注9）をもとに作成。

1862年――
- シュタインベルト住宅建設協同組合，戸建て分譲。

1867年――
- プロイセン政府，公益住宅企業に税優遇等。

1890～1910年――
- 急速な工業化段階において都市への若年労働者の大量流入，婚姻による世帯形成と高い出生率が住宅需要増大の要因になった。

1900年頃――
- 公益住宅企業に公的融資。

(2) 戦間期（1914～1945年）
- 第1次世界大戦後，戦災に加え都市人口の増大により住宅不足が起こった。

住宅政策の制度化，住宅供給への国家介入

1914年――
- 戦争のために諸権利の主張を妨げられる諸個人の保護に関する法律，中央政府による住宅統制の開始。

1920年――
- 住宅不足法，自治体に住宅局設置を義務づけ（強制的住宅割当制度の実施）。

1922年――
- 全国家賃法，第1次世界大戦前に建設された住宅に対する家賃凍結。

1923年――
- 借家人保護・賃貸借関係仲裁所に関する法律，家賃統制の無期限延長。家賃統制によって家主の住宅修繕や新規建設の阻害要因となり，住宅ストックの老朽化が進行した。

1924年――
- 第3次租税窮乏令，これによって導入された「家賃税」によって大

量の公的資金が住宅部門に投入された。

社会住宅の「大衆化」，公益住宅企業の発展

1919～1929年——
- 公益住宅企業，住宅協同組合が2,000組織から4,000組織に急増。
- この時期の住宅政策は広範な住民層に対する住宅供給の改善であり，社会の最貧層向けの政策ではなかった。

1940年——
- ナチス政権，公益住宅企業を再編，戦後の住宅建設を準備。

(3) 第2次世界大戦以後（1945年～）
- 戦後占領軍により家賃統制，強制住宅割り当てが行われていた。

1950年——
- 第1次住宅建設法，無利子ローンを公益住宅企業等に供給し社会賃貸住宅の大量建設。これにより定められた所得上限を超えない世帯は当時の住宅の約60％にのぼり，社会住宅が広範な住民層に対する助成制度だったことが分かった。

社会住宅制度の変容

1960年——
- 統制解除法（リュッケ法），1948年以前に建設された住宅に対する家賃統制・借家人保護規定の撤廃。
- 連邦建設法，都市開発に関する戦後緊急体制の終焉，土地・住宅市場経済への復帰の転換点。
- 家賃補助・負担補助供与法，住宅手当制度開始（対物助成から対人助成へ）。

1965年——
- 第1次住宅手当法，住宅手当の支給資格の拡大。

1967年——
- 第2次住宅建設法改正，逓減的助成制度・「第2助成」方式の導入

と持ち家促進政策の推進。一方で，低コストの社会住宅の減少，家賃上昇等の問題を生んだ。

1960年代～70年代——
- 大規模団地で若年層，失業者，外国人などの特定集団の集中が進み，大規模団地の空き室率が増大。
- 社会賃貸住宅への入居の不公平，社会住宅制度の低家賃住宅増加に対する有効性への疑問等により，1970年代において社会住宅に対する建設助成が減額された。アフォーダブル住宅ストックの急速な減少。

1971年——
- 都市建設促進法，都市の再開発プログラムが発動され，全国で560件の再開発計画が公共の支援を受けて実施された。その結果，多くの低所得世帯が移転を余儀なくされた。

公益住宅セクターの解体

1990年——
- 税制改革法，公益住宅セクターに対する税制優遇の廃止。公益住宅セクターが解体され，民活化への動きが強まる。

まとめ——各国の住宅政策の比較

以上から日本，アメリカ，イギリス，フランス，ドイツの住宅政策の歴史をまとめると表1-1のようになる。

アメリカとイギリスは公共・公営住宅を建設したのに対し，フランスとドイツは公営住宅をもたず，民間非営利組織による社会住宅を推進した。この社会住宅は住宅が全国民に行き渡るように大量に建設され，フランス，ドイツにおいて当初の住宅政策は社会住宅の「大衆化」が意図されていた。

アメリカとイギリスでは1914～1945年の戦間期の住宅不足に対して政

表1-1 日本、アメリカ、イギリス、フランス、ドイツの住宅政策

	日本	アメリカ	イギリス	フランス	ドイツ
第1次世界大戦前（～1914）		アメリカで最初の住宅建築規制（ニューヨーク）		19世紀末に民間非営利組織による住宅建設	19世紀半ば、公益住宅企業の誕生
1910年代	大阪、東京で市営住宅建設		スラム・クリアランスの実施	住宅供給への公共介入	住宅政策の制度化、住宅供給への国家介入
戦間期（1914～1945）		連邦政府による住宅供給への直接介入	大量の公営住宅建設	1920年代後半、社会住宅供給制度の確立	社会住宅の「大衆化」が進み、公益住宅業が発展
1930年代		持ち家政策の本格化 公営住宅の恒久的制度確立 住宅政策の分割化	持ち家が増大		
第2次世界大戦以後（1945～）	戦後復興	公営住宅はより貧困階層のための制度へ	公営住宅の「大衆化」の促進	戦後の深刻な住宅不足	
1950年代	制度創設期	インナーシティのスラム化、貧困問題の顕在化	公営住宅の荒廃 スラム・クリアランスの実施	社会住宅制度の再編 国家主導の社会住宅供給体制の確立	
1960年代	公共住宅の大量供給	貧困・住宅問題への連邦政府の取り組み開始		公共支出削減を目指し、直接支援から間接支援へ転換	社会住宅制度の変容
1970年代	量から質へ	多様な補助住宅を家賃補助に統合 住宅政策の残余化が進む	持ち家が普及、公営住宅は低所得者向けに限定され「残余化」へと転換	移民の増加	公益住宅セクターの解体
1980年代以降	居住ニーズの多様化 住宅政策体系の再編	アフォーダビリティの悪化 公共住宅の売却	公営住宅の払い下げ等、民営化が進行、それに伴う貧困の拡大	住宅金融の規制緩和	

出所：小玉徹・大場茂明・檜谷美恵子・平山洋介（1999）を参考に、筆者が作成。

府主導による公共・公営住宅が建設された。イギリスでは第2次世界大戦後，フランス・ドイツと類似して公営住宅の「大衆化」が進められたが，1950年代に公営住宅の荒廃が顕在化したため，1970年に公営住宅を低所得者向けに限定し，「大衆化」から「残余化」へと政策転換した。アメリカは1930年代に住宅政策を持ち家政策と公共住宅の2本柱とした。そして公共住宅は低所得者向けに限定され，公共住宅の「残余化」がはじめから意図された。

1960年代以降，フランス・ドイツにおいても住宅政策に変化が見られた。ドイツでは社会住宅制度の変容，公益住宅セクターの解体，フランスでは住宅政策に対する財政支出の削減が目指された。これは社会住宅の「大衆化」から「残余化」への転換であり，住宅政策はアメリカ・イギリスと同様に低所得者向けの政策へと移行した。さらに1980年代以降，世界的に新自由主義経済が広まり，これらの国々においても住宅金融の規制緩和，低所得者向け住宅供給の民活化が進められている。

これらから欧米主要国の住宅問題は財政支出の削減と貧困問題への対応が求められ，住宅政策は1970年代頃から低所得者向けに限定された「残余化」に政策転換し，さらに1980年代以降，新自由主義的な住宅政策へと歩調を合わせていることが分かった。これは欧米主要国での住宅政策は類似傾向にあり，新自由主義経済とグローバル化により，欧米主要国で移民増加の問題や貧困の問題が顕在化し，それらが住宅政策において共通の課題となっているためである。

日本の住宅政策は第2次世界大戦後の住宅不足に対し，1950年代から本格化する。そして1960年代に急速な経済復興とそれに伴う都市への急速な人口流入が起こる中，住宅建設計画法が制定され，「1世帯1住宅」へ向け，公共住宅の大量供給が行われた。同時に1950年に設立された住宅金融公庫が持ち家政策を担った。また1955年に設立された日本住宅公団は中所得者向けの住宅供給を行った。そのため日本では1950年代

の住宅政策創設以来，住宅政策は，低所得者向けに公営住宅，中所得者向けに公団住宅，持ち家階層向けに住宅金融公庫による住宅融資の3本柱であった。しかし世界的な新自由主義経済の広まりにより，1990年代に住宅政策体系の見直しがなされ，2000年以降，市場や住宅ストックを重視した新自由主義的住宅政策へ転換がなされた。

　日本の住宅政策は初めから公営住宅を低所得者向け住宅政策と位置づけていた。その点では日本は，初めから公共住宅を低所得者向けと位置づけたアメリカの住宅政策と類似していると言える。

　アメリカの住宅政策は貧困層との闘いであり，貧困層は安い家賃のアパートメントに入居するので，次第に貧困層が多く住むようになり，貧困の集中がアパートメントを荒廃させ，その後，エリアを荒廃させるような悪循環に陥る。日本における貧困層の荒廃はアメリカほどではないため，逆に問題が顕在化しにくい。

　日本では低・中所得者向けの住宅政策が積極的に行われておらず，低・中所得者たちはこれまで見てきたような生活を余儀なくされている。日本の低・中所得者は所得の少なさを自己責任と考えており，住宅政策に訴える人々は少ない。また低・中所得者が住むエリアが荒廃することはこれまであまりなかったため，政府や地方自治体も低・中所得者に対する政策をあまり行ってこなかった。それは現在も同様な状況である。そのため日本では，ネットカフェ居住や脱法ハウスに住むような多様な生活スタイルが生まれやすい状況であると言える。

　一方，アメリカでは日本と異なり，貧困層を特定のエリアや安価な集合住宅に集め，貧困が集中する状態をつくった。その結果，そのエリアは治安・周辺環境が悪化し，そのエリアの不動産価値も低下するなど，荒廃による悪影響が大きかった。そのため政府や地方自治体は低・中所得者に対する積極的な政策に乗り出したのである。強力な住宅政策を主導し，住宅が荒廃する状況を未然に防ぐことを意図していると言えるだ

ろう。

　近年はいわゆる建築家によって設計された低所得者向け集合住宅が増加しており，意匠的にも機能的にも居住環境が向上し，維持管理費がかからない配慮もなされている。アメリカは貧富の差が激しく，貧困層も多いため，政府は住宅政策によっていろいろな取り組みを行っている。そこでアメリカの事例は日本の事例とは根本的に異なる住まい方であり，長年にわたり貧困問題に取り組んできた住宅政策を知ることは今後の参考になるだろう。

第2章

アメリカの低・中所得者向け住宅政策と
ミックスト・インカム住宅

第1節

アメリカにおける新たな取り組み

　アメリカでは貧困が社会の荒廃や治安の悪化を生む要因となってきた歴史があり，低・中所得者に対する家賃補助や住宅供給などが行われてきた。しかしそれら両方ともが財政的な困難に陥り，低・中所得者向け住宅の減少につながっている。そんな中，低・中所得者向け住宅供給の増加は緊急を要する政策課題として位置づけられ，積極的に取り組みが行われている。

　本章ではアメリカにおける低・中所得者向け住宅政策を紹介し，アフォーダブル住宅供給の問題点などを見る。そして筆者が特に注目している「ミックスト・インカム住宅」を詳しく見ていくこととする。

　筆者が「ミックスト・インカム住宅」に注目する理由は，以下のとおりである。

　アメリカでは1950年代に多くの中流層が一戸建てを求め，郊外に流出したため，都心部は人口が減少し，スラム化した。その後，政府が強引なスラム除去による再開発を行い，公共住宅を建設したが，結局公共住宅がスラム化するという現象が繰り返されたため，アメリカの公共住宅はスラムの温床というイメージが定着してしまい，資金不足に加え現在でも公共住宅の新規建設は難しくなっている。[1]

　そのような状況下で，アメリカではアフォーダブル住宅不足に対処するために，家賃補助政策であるセクション8とは別の住宅供給手法が近年，試行されている。これがミックスト・インカム住宅である。ミック

---

1) 渡辺卓美・西田裕子ほか（1993），pp.485-505。

スト・インカム住宅は集合住宅の中に所得階層を混在させ，民間の力を使いながらアフォーダブル住戸を増加させることができる。加えて開発ごとに異なる所得層が混在するため，スラム化の要因となる特定の地域に低所得層が集中することを避けることができる。低・中所得者用のアフォーダブル住戸を市場価格集合住宅に組み込むミックスト・インカム住宅はアメリカの住宅政策の新たな流れとして注目されているが，近年まで詳細はあまり知られていなかった。そのため既往研究において住宅政策におけるミックスト・インカム住宅の歴史，類型化などの体系化がなされていないことが分かった。そのため本章では既往研究の内容を整理して，ミックスト・インカム住宅の歴史を明らかにする。さらに既往研究から3つの事例を紹介し，その具体例を踏まえてミックスト・インカム住宅の種類，開発手法の類型化，長所・短所の検討を行う。これらは，これまで重視されていなかったミックスト・インカム住宅研究の体系化に役立つ。

　ミックスト・インカム住宅に関する既往研究ではHOPE Ⅵプログラムや市のアフォーダブル住宅開発プログラムによる事例も多く取り上げられているが，これらの事例は連邦政府や地方自治体の住宅政策に従って開発されるため，本書において着目する民間営利開発業者によるミックスト・インカム住宅の研究とは異なる。本書における，民間営利開発業者によって少しずつだが継続してアフォーダブル住戸を供給できる開発手法はアメリカだけにとどまらず，グローバリゼーション化が進む都市においても有用性が高いとする新たな着眼点は既往研究では見られない。そのため本書はミックスト・インカム住宅研究を建築学的領域だけでなく，グローバリゼーションなどに関連する社会学的領域まで拡げた，建築社会学研究として位置づけられると考える。

　そこで第4章において以下の点に注目し，ミックスト・インカム住宅の特徴を紹介する。

（1）グローバリゼーションの影響

　グローバリゼーションの影響下における民間営利開発業者によるアフォーダブル住戸供給手法の可能性を模索するために，アメリカの調査対象都市・地域におけるミックスト・インカム住宅の開発手法を明らかにする。

（2）アメリカにおけるアフォーダブル住戸供給手法の可能性

　アメリカにおけるアフォーダブル住戸供給手法の可能性を評価するために，ミックスト・インカム住宅における立地の傾向，資産価値，居住環境を明らかにする。

（3）建築計画学的視点から評価

　アメリカにおけるアフォーダブル住戸供給手法の可能性を建築計画学的視点から評価するために，インセンティブ（incentive：規制緩和）の影響を受けたミックスト・インカム住宅の建築計画上の特徴を明らかにする。

　筆者以外にも，近年アメリカで多く見られるようになったミックスト・インカム住宅に注目し，紹介している研究者は多い。特にグローバリゼーション，貧困問題，住宅政策との関連において研究がなされている。

　例えば，グローバリゼーションに関する研究は近年，盛んに行われている。その中で，社会学者サスキア・サッセンによる研究[2]は，移民，低賃金労働，インフォーマル経済，女性移民労働などを取り上げ，マイノリティの人々に焦点を合わせた分析からグローバル空間における不平等などの課題を明らかにしている。

　アメリカ，イギリス，フランス，ドイツなど欧米主要国の低所得者向け住宅政策に関する研究[3]は日本でも盛んに行われ，欧米各国の住宅政策

---

[2]　サッセン，サスキア（2004）；サッセン，サスキア（2003），pp.86-103。

[3]　小玉徹・大場茂明・檜谷美恵子・平山洋介（1999）。

の特徴を明らかにしている。アメリカの住宅政策に関する研究では，住宅補助政策と住宅税制についての仕組みを経済学的側面から明らかにしている。低・中所得者向け住宅建設には政府補助金や税額控除が複雑に関係しており，税制を理解することも必要となっている。

　海外におけるミックスト・インカム住宅の研究は比較的新しく，これに関する論文が近年幾つか発表されている[4]。その中でアメリカのミックスト・インカム住宅の成功事例が分析され，事業が成功した要因，低・中所得者と市場価格による入居者が同じ場所に住むことが低・中所得者に与える社会交流や雇用等の社会的影響などが論じられている。また連邦のHOPE Ⅵプログラムによる，荒廃した公共住宅をミックスト・インカム住宅に再開発する事例が取り上げられている[5]。

　このようにミックスト・インカム住宅は新しく導入されたためそれほど多くないが，その普及が期待されている。それでは，アメリカの低・中所得者向け住宅政策の歴史的な流れを見ていく。

---

4) Brophy, Paul C. and Rhonda N. Smith (1997), pp.3-31；Schwartz, Alex and Kian Tajbakhsh (1997), pp.71-92：Myerson, Deborah L. (2008)；Houk, Diane L., Erica Blake, and Fred Freiberg (2007).

5) National Housing Law Project, etc. (2002)；Salama, Jerry J. (1999)；Ambrose, Brent W. and William Grigsby (1999).

第 2 節

アメリカの低・中所得者向け住宅政策

アメリカの住宅問題は時代や見方により様々であるが、次に挙げる3点が現在のアメリカの住宅問題の指標となっている。[6]

（1）アフォーダビリティ
（2）居住物件の物理的状況
（3）狭隘

（1）のアフォーダビリティとは、所得に対する住居費の割合によってはかられ、調整後所得（adjusted income）の30％以上を住居費として支出している場合は、アフォーダビリティに問題があると認められ、50％以上を支出している場合、重大問題があるとみなされる。（2）の居住物件の物理的状況は、設備を含めた欠陥の有無をはかる具体的な項目に基づき、修復が必要な場合に問題があるとされるが、程度により、「中程度」と「重度」の欠陥住宅に分けられる。（3）の狭隘は、住宅が世帯にとって十分な広さがあるかの指標で、1部屋当たりの定員より多く居住している場合に問題とされる。[7] 例えば一般的にスタジオタイプは定員1人、1LDKタイプは定員2人、2LDKタイプは定員3人となる。

アメリカにおいて第2次世界大戦後の主な住宅問題は、居住物件の物理的欠陥と狭隘であった。1949年住宅法において国家の福祉と安全、国民の健康と一定の生活水準の確保のために「深刻な住宅不足を解消するのに十分な住宅生産」、「スラム及び荒廃地域のクリアランスによって標準以下あるいは不適切な住宅を除去すること」、「すべてのアメリカの家

6）岡田徹太郎（2001）。
7）同上。

族に対する快適な住宅と適切な居住環境の提供という目標をできる限りすみやかに実現すること」が必要であると宣言された。これによって全国民の健康と福祉の増進，そのための一定の生活水準の保障という連邦政府の住宅政策の目標が明確化された。しかし，その目標で公共住宅建設という社会政策と民間住宅建設の促進という経済政策が同時に求められていたため，マイノリティのための社会政策よりもマジョリティのための経済政策が優先され，住宅政策における社会政策の目標自体は形骸化していった。実際，1949年住宅法では年間13万5,000戸の公共住宅の建設権限が付与されたが，1950年は7万5,000戸，1951年は5万戸，1953年は3万5,000戸へと縮小されていった。[8]

　1960年代以前では社会政策と経済政策が対立する関係にあったが，1960年代に連邦政府による社会政策の住宅供給に民間力が活用されたことで両者の関係が融合された。具体的には民間金融機関の低利融資による住宅建設，市場金利との差額を連邦政府が負担する利子補給，民間賃貸住宅を低所得者向けに低家賃とし，家賃の一部を連邦政府が補助する家賃補助，地方住宅公社が民間住宅の提案を募集し，完成後それを公共住宅として買い上げるターンキーと呼ばれる方式などである（表2-1）。そして公共住宅の開発は建設反対運動による建設コストの制限，低所得層の集中によるスラム化等が発生したため，公共住宅とは異なるかたちで低所得層を分散して住まわせるように民間住宅の活用が求められた。[9]

　民間を活用した低・中所得者向け住宅助成の拡充は1968年住宅・都市開発法（Housing and Urban Development Act of 1968）で顕著になった。1967年に設立された大統領都市住宅委員会（President's Committee on Urban Housing：以下，カイザー委員会）で，貧困層の住宅問題の発生原因は安価で良質な住宅のストック不足にあり，そのため制度的要因を除

8）豊福裕二（2000），pp.72-90。
9）同上。

表 2-1　1960年代のアメリカの低・中所得者向け住宅政策

創設年	事業名	セクション番号	補助の内容			
			低利融資	利子補給	家賃補助	建設費補助
1959	中所得高齢者向け住宅	202	○			
1961	中所得世帯向け賃貸住宅（市場金利以下プログラム）	221（d）(3)	○			
1965	家賃補給	101			○	
1965	借り上げ公共住宅	23			○	
1967	ターンキー方式					○
1968	低・中所得世帯向け賃貸住宅（利子補給）	236		○		

出所：　HUD, Housing in the Seventies, 1973.
注：　豊福裕二（2000），p.80，第1表から賃貸に関連する部分を抜粋した。セクション番号とはその事業が規定されている住宅法の条項番号。「中所得世帯」とは，低家賃公共住宅の所得上限は超えているものの，民間市場での住宅購入の困難な所得層世帯を指す。

去し民間による効率的な住宅生産を促進すること，連邦政府補助を拡大することが勧告された。そして1968年住宅・都市開発法において10年間で2,600万戸（2,600万戸の内600万戸が補助金付き低・中所得者向け住宅，その内100万戸が中古住宅），その内2,500万戸は新築住宅の建設目標が設定された。その後1973年にすべての連邦補助事業の中断（モラトリアム：moratorium）によって新規の補助事業の認可が一時中断され，補助事業の効率性や公平性等が検討された。この措置によって多くの補助事業が廃止となった。1968年，住宅・都市開発法の住宅建設目標は1971年から1972年にかけての住宅ブームの影響もあり，連邦政府補助のない2,000万戸の目標に対し90％以上の達成率となったものの，補助の必要な低所得者向け住宅の建設目標600万戸の建設は50％にも満たない270万戸にとどまった。その結果，1968年，住宅・都市開発法の住宅建設目標は未達成に終わり，低所得者向け住宅は依然不足したままとなった。[10]

連邦政府補助のない住宅の目標が達成され，良質な住宅ストックが増えるにつれて，戦後の主たる住宅問題であった居住物件の物理的欠陥と狭隘の問題は1970年代初頭までに改善を見せたが，住宅価格の高騰，低所得者向け住宅不足等により，アフォーダビリティの問題は深刻化した。そして1970年代以降，住宅政策の主な課題は居住物件の物理的欠陥，狭隘からアフォーダビリティの問題へと移った。[11]

　1980年代にレーガン政権が建設型の住宅補助を大幅に削減し，低所得者向け住宅政策をセクション8による家賃補助へ転換した。1974年，住宅コミュニティ開発法による当初のセクション8には，民間の低所得者向け住宅の供給を促進するためのプロジェクトベースの建設型プログラムである「新規建設・大規模修復プログラム」と世帯ベースの家賃補助型プログラムである「既存住宅プログラム（有資格証書方式）」の2つがあったが，1983年，住宅及び農村―都市再生法で新規建設・大規模修復プログラムは大幅に縮小され，家賃補助プログラムにバウチャー方式（引換証方式）が加わり，家賃補助プログラムが中心となった。この1980年代の政策の変化は，アメリカの住宅問題を悪化させたと言われている。その悪化した住宅問題とは以下の通り。[12]

（1）アフォーダブル住宅ストック数が減少した。
（2）家賃補助が住宅需要を押し上げ，市場家賃を上昇させた。
（3）連邦政府の家賃補助の予算が増加しなかった。

　そのため1990年代のブッシュ政権，クリントン政権ではより民間資金を導入した新たな枠組みの建設型補助政策が行われるようになった。しかし，近年でも所得に応じた適正な家賃設定がされているアフォーダブル住宅が依然不足し，所得の増加よりも急速に進む家賃の高騰がアフォ

10）豊福裕二（2000），pp.72-90。
11）岡田徹太郎（2001）。
12）同上。

ーダビリティをさらに悪化させている。このアフォーダブル住宅不足は，1960年代から1970年代の初めにかけて連邦政府の補助による低金利の不動産担保貸付等により建設されたアフォーダブル住宅の所有者が，通常40年の貸付返済期間の内，20年経った時点で残額を一括返済し，その後は市場価格住宅として賃貸する「期限切れ問題」に起因する。そのため1990年代以降，この「期限切れ問題」が懸念され，これにより深刻なアフォーダブル住宅不足が起こることが予想されていたが，住宅政策による新規増加は望めず，アフォーダブル住宅不足は依然改善されていない。[13]

1993年，荒廃した大規模公共住宅を再生させる際に所得階層が混合したコミュニティづくりを目指すHOPE Ⅵプログラムが創設され，ミックスト・インカム住宅が荒廃した公共住宅に代わるアフォーダブル住戸不足問題に対しての解決策として浮上した。[14] 以後，ミックスト・インカム住宅開発が全国的に注目されるようになった。

そのような状況下で，現在の低所得者向け住宅政策は依然セクション8による家賃補助が主流となっているが，資格要件を満たすすべての世帯が受給できる制度ではなく，アメリカでは2005年には資格要件のある世帯の9%，約200万世帯しか家賃補助を受けられない状況にあり，十分でないと言える。[15] そのためアフォーダビリティ問題を軽減させるためには実際にアフォーダブル住宅を増やしていく必要があり，家賃補助ではないかたちでアフォーダブル住宅を供給する新たな仕組みが求められていると言える。

表2-2に，アメリカの低・中所得者向け住宅政策史を示した。

---

13) 長谷川淳子（1991）。
14) HUD（2003）。
15) 海老塚良吉（2010），pp.6-13。

表 2-2　アメリカの低・中所得者向け住宅政策

戦間期（1914～1945年）	
1933年	公共住宅（Public Housing）の供給開始。
1934年	全国住宅法，連邦住宅庁による住宅モーゲージへの公的保証の供給。持ち家政策の本格化。
1937年	連邦住宅法（Federal Housing Act of 1937），公共住宅の制度化。
第2次世界大戦以後（1945年～）	
1949年	連邦住宅法（Federal Housing Act of 1949），スラム除去を目的とした都市再開発事業の創設。
1954年	免税債（Tax Exempt Bond），税法（Tax Code）の一部として確立。
1959年	セクション202
1961年	セクション221（d）（3）
1965年	住宅都市開発省（US Dept. of Housing and Urban Development: HUD）の設立。セクション101 セクション23
1968年	セクション236
1973年	すべての連邦補助事業の中断（モラトリアム：moratorium）。
1974年	住宅コミュニティ開発法（Housing Community Development Act） セクション8（新規建設・大規模修復等の建設補助を含む）
新自由主義政策	
1983年	住宅及び農村-都市再生法（Housing and Urban-Rural Recovery Act） セクション8（バウチャー方式）
1986年	税制改革法（Tax Reform Act），低所得者用住宅税額控除（Low Income Housing Tax Credit：LIHTC）の時限的導入。
1993年	統合予算調整法（Omnibus Budget Reconciliation Act），LIHTCの恒常的制度への改編。 HOPE VIプログラム，荒廃した大規模公共住宅団地の再生事業。

出所：　平山洋介（1993），表12を主に参照した。

第3節
アメリカのミックスト・インカム住宅の歴史

　ミックスト・インカム住宅は HOPE Ⅵ以前には住宅政策上，重要視されていなかったため，その歴史的な背景，住宅政策との関連は明らかではない。そのため，既往研究[16]をもとにミックスト・インカム住宅に関連する事項を抽出し，その歴史的な流れをまとめた。

〈1930年代〉
　1936年に全米初の公共住宅 Atlanta's Techwood Homes が建設された。翌1937年には連邦住宅法が制定され，本格的な公共住宅建設がはじまる。Clark Howell Homes は1940年に建設された。初期の公共住宅は一時的な低所得労働者家族用住宅だったが，徐々に長期滞在者が増え，その結果，長期滞在型公共住宅に立法化された。1930年代後半から1960年代半ばまでの連邦の多くの公共住宅は，大規模で高密度な住宅だった。

〈1960年代〉
　1960年代初め，アメリカ議会は民営のアフォーダブル住宅開発を奨励するプログラム（表2-1）を作った。これは公共住宅から離れ，公と民のパートナーシップに連邦補助のインセンティブを適用し，公共住宅の低所得者用住戸を保持しながら民間型公共住宅開発へ移行するためのものであった。具体的には短期連邦賃貸住宅プログラム（Section 23）の1965年の法令で地方住宅公社に民間賃貸住宅の建物内で特定の住戸を賃貸することを認可したため，地方公共団体が民間住宅を借り上げるこ

---

[16] National Housing Law Project, etc.（2002）; Ellickson, Robert C.（2010）; Smith, Alastair（2002）; Schwartz, Alex and Kian Tajbakhsh（1997）.

とによって公共住宅を供給することができるようになった。これによって，結果的に1つの集合住宅に異なる所得層が混在する状況が生まれた。そして連邦，州，地方自治体はミックスト・インカム住宅開発をファンド等で支援し始め，ミックスト・インカム住宅はアメリカ全土で見られるようになった。

〈1970年代〉

1973年，当時のニクソン大統領が公共住宅開発を民間部門に移行するため，"ニクソン・モラトリアム"によって連邦補助金を一時停止した。そして1974年に，Section 8 で家賃補助プログラムを設立した。

1970年代，少数の裕福な郊外で最初の包括型ゾーニング条例（inclusionary zoning ordinances）が採択された。これによって住宅開発業者は対象世帯に計画住戸の10～20%の住戸を市場価格の賃料よりも安く，販売または賃貸しなければならなくなった。

〈1980年代〉

1980年代には公共住宅は荒廃，スラム化し，それが社会問題となった。公共住宅に代わる救済策としてミックスト・インカム住宅が注目された。1989年，連邦議会は極めて荒廃した公共住宅の対策委員会（National Commission on Severely Distressed Public Housing）に対して，2000年までに荒廃した公共住宅を根絶するための国家行動計画（National Action Plan）の提案を課した。委員会では公共住宅の最大の失敗が貧困の集中だったと結論づけ，その提言により1993年，荒廃した公共住宅を再生させる際に所得階層が混合したコミュニティづくりを目指す HOPE Ⅵ プログラムが創設され，ミックスト・インカム住宅が荒廃した公共住宅に代わるアフォーダブル住戸の供給手法として浮上した。[17]

---

17) HUD (2003), p.4.

〈1990年代〉

　1990年，連邦議会によるHOMEプログラム，1992年にHOPE Ⅵプログラムが創設され，連邦による主要再開発，新規開発，物的改善，荒廃した公的住宅の取り壊し，マネジメントの改善，計画及び技術的援助，住民を対象としたコミュニティ及び支援サービス等の多岐にわたる全国包括補助が始まった。

　1993年以降，連邦議会とHUDによるHOPE Ⅵによってミックスト・インカム住宅が全国的に注目された。1996年は，HOPE Ⅵを利用した初めてのミックスト・インカム・コミュニティ，ジョージア州アトランタ市のCentennial Placeがつくられた。

　1998年の連邦法令は地方住宅公社に超低所得世帯以外にも公共住宅住戸を貸すことを要求し，貧困の分散化を目指した。

　そして現在多くの都市で，アフォーダブル住宅不足を解消するために，市場価格集合住宅に対しアフォーダブル住戸の付置を義務化する包括型ゾーニングが条例化され，ミックスト・インカム住宅を促進している。[18]

---

18) The Los Angeles Housing Crisis Task Force (2000), p.31. これによると，包括型ゾーニング条例はカリフォルニア州の75以上の都市で採択された。事例としてはサンフランシスコ，サンディエゴなどが挙げられる。

第4節

アメリカのミックスト・インカム住宅事例とその類型化

以下に，アメリカにおけるミックスト・インカム住宅開発の事例を3つ示す。

ケース1　Centennial Place，ジョージア州アトランタ市[19]

市と民間営利開発業者の共同体によるミックスト・インカム・コミュニティ再開発（完成年：1996年［Ⅰ期］）。

計画概要

Centennial Place は，全米で HOPE Ⅵ プログラムを使った初めてのミックスト・インカム住宅開発で，アトランタのダウンタウンやジョージア工科大学キャンパス，コカ・コーラ本社の近くに位置する。1936年と1941年に建てられた公共住宅 Techwood Homes（21棟）と Clark-Howell Homes（63棟）とその周辺が1980年代後半に荒廃し貧困層の居住地となったため，Atlanta Housing Authority（AHA）は民間営利開発業者の Integral Group, LLC と McCormack Baron & Associates, Inc. を雇い，約42億ドルの HOPE Ⅵファンドとその他のファンドを使って Techwood Homes と Clark-Howell Homes を取り壊し，その跡地にアフォーダブル住戸を統合した安全かつ魅力的で持続可能な市場価格コミュニティづくりを目的に，新しい住戸783戸を擁するミックスト・インカム・コミュニティ，Centennial Place をつくった。Centennial Place の敷地には住宅用に2，3階建てのタウンハウスが建設され，住宅以外

---

19) Myerson, Deborah L. (2008)；Salama, Jerry J. (1999)；Ambrose, Brent W. and William Grigsby (1999)；Turbov, Mindy, and Valerie Piper (2005).

にもコミュニティ・センターや小学校など住民を支援する施設も共に開発されている。

　もともと公共住宅TechwoodHomesとClark-HowellHomesをミックスト・インカム住宅に再開発する話は1972年からあった。しかし，立ち退きを恐れる公共住宅住民の反対により再開発計画は実行に移されなかった。1990年9月にアトランタ市で1996年の夏のオリンピックが開催されることが決まると，TechwoodHomesとClark-HowellHomesを含む周辺一帯が再開発されることになった。

　再開発で1,081戸の公共住宅のかわりに建設された新しい住宅の783戸の住戸のうち，約40％の311戸が市場価格住戸，約39％の301戸が公共住宅住戸，約16％の126戸がLIHTC住戸になった。公共住宅だった頃の住民の97％はアフリカ系アメリカ人であったが，Centennial Placeの住人はアフリカ系アメリカ人が70％，ヒスパニック系でない白人が20％，ヒスパニック系とアジア系が10％と所得，人種ともに混合されたコミュニティとなっている。

ケース2　St. James Terrace Apartments, ニューヨーク州ヨンカーズ市[20]

市の住宅プログラムを用いた民間営利開発業者と非営利組織によるミックスト・インカム住宅開発（完成年：2003年）。

計画概要

St. James Terrace Apartmentsは，1985年のヨンカーズ公共住宅と学校の人種差別を廃止する裁判命令で建てられた4つのミックスト・インカム住宅のうちの1つで，ヨンカーズ市から住宅開発を委託されたウエストチェスター郡の非営利ハウジング組織である住宅推進協議会

---

20) Houk, Diane L., Erica Blake, and Fred Freiberg (2007).

(Housing Action Council) の技術的支援を受け，ヨンカーズ市アフォーダブル住宅信託基金（\$290万），ニューヨーク州住宅信託基金会社（\$180万），9％LIHTC（\$520万）の補助金を使って，2003年にニューヨーク市にある民間営利開発業者Seavey Organizationによって開発された。

St. James Terrace Apartmentsは2000年の時点で貧困度が5％と貧困度の低い住宅エリアのSouth East Yonkersに位置する，64戸の住戸をもつ6階建てのレンガ造りのアパートメントで，駅の近くに位置し，コミュニティルーム，入居者用屋外デッキ，地下，屋上駐車場を付帯している。

St. James Terrace Apartmentsのうち50％（32戸）が市場価格住戸，10％（7戸）が40％ AMI[21]，20％（13戸）が41～50％ AMI，10％（6戸）が51～60％ AMI，10％（6戸）が61～80％ AMIの市場価格と4つの所得階層に賃貸され，アフォーダブル住戸は建物内で分散配置されている。アフォーダブル住戸は裁判所命令で元ヨンカーズ公共住宅住人に貸し出され，市場価格住戸は一般に賃貸されたが，その賃料は郡のSection 8 公正市場家賃（fair market rents）の範囲内までに下げられているため，市場価格住戸の大部分はSection 8バウチャーを使っている世帯が占めている。そのため住人構成はヒスパニック系でない白人5％，アフリカ系・ヒスパニック系が95％となっている。

ケース3　Emery Bay Ⅱ，カリフォルニア州エメリービル市[22]

民間営利開発業者と非営利組織による新規ミックス・インカム住宅開発（完成年：1993年）。

---

21) AMIは Area Median Income（地域所得中位値）の略。
22) Brophy, Paul C. and Rhonda N. Smith (1997)；BRIDGE Housing Corporation (2000), p.13.

計画概要

サンフランシスコ・ベイエリアにある Emery Bay Ⅱ は，1980年代後半から1990年代前半にかけてベイエリアでの賃貸住宅市場が低迷するなか，民間営利開発業者である Martin Company と非営利組織である BRIDGE Housing Corporation が80% AMI 以下の所得層の住民を対象に建設した全260戸のミックス・インカム住宅である。同じ敷地には第1期として先に建設された424戸の市場価格住宅の Emery Bay Club and Apartments（Emery Bay Ⅰ）が隣接し，プール，スパ，ガーデン等レクリエーションエリアを共有している。Emery Bay Ⅰ の所有者 Martin Company は，賃貸住宅市場の低迷を受け，アフォーダブル住戸を組み込むことから得られる財政的保証なしに第2期の開発を続行することは難しいと判断し，BRIDGE Housing Corporation と共同で市の税額控除の補助金や固定資産税の軽減等，エメリービル市の支援を受け，アフォーダブル住戸を組み込んだミックス・インカム住宅を開発した。この開発のデザインの質は高く，魅力的な設備が備わり，その敷地に出入りするためのカードエントリーシステムの設置や定期的な市警察のパトロール等，セキュリティ度も高い。周辺には映画館や，食料品店，本屋，飲食店等からなる複合施設があり，主要交通網へのシャトルバスも運行していて便もよい。

Emery Bay Ⅱ は全260戸のうち，60%（156戸）が市場価格住戸で，20%（52戸）が所得制限50% AMI 未満，20%（52戸）が51〜80% AMI の所得階層に賃貸されているが，所得中位値（AMI）が全国の他の地域より高いベイエリアに位置しているため，住人の構成は30%が専門職，20%が学生，33%がブルーカラー労働者と市場価格寄りのミックス・インカム住宅となっている。

ケース1は，HOPE Ⅵ プログラムにより荒廃した大規模な公共住宅

をミックスト・インカム・コミュニティへ再開発した事例である。またケース2は，荒廃した公共住宅を裁判所命令によってミックスト・インカム住宅へ建て替えた事例で，9％LIHTCと市のアフォーダブル住宅資金により開発された。ケース3は，市場価格住宅開発が困難な時期にミックスト・インカム住宅にすることによって新規住宅開発を行った事例で，市からの税額控除による補助金やアフォーダブル住戸に対する固定資産税の軽減によって開発資金をまかなった。

　このようにミックスト・インカム住宅は開発手法が多様で事例ごとに異なり，分類が難しい。Alex SchwartzとKian Tajbakhshによると[23]，ミックスト・インカム住宅の定義は曖昧で一義的には決まらないが，ミックスト・インカム住宅の一般的な特徴は開発に含まれる所得階層の数，所得レベル，住宅の質によって次のように記述できる。

（1）一般的にミックスト・インカム住宅において低所得世帯は全住戸数の20〜60％以上を占めている。
（2）ミックスト・インカム住宅において最も裕福な所得階層は地域所得中位値（Area Median Income：AMI）が51〜200％と幅広い。
（3）建物の各階にあらゆる所得階層の世帯が入居できる事例と，低所得世帯と高所得世帯が分離して配置されている事例の両方がある。
（4）同様にすべての所得階層に同じ部屋の大きさとアメニティを提供している事例と，低所得世帯には狭く，質の低いアメニティを提供している事例がある。
（5）ミックスト・インカム住宅の開発業者は公的機関，非営利組織，営利組織となり，ミックスト・インカム住宅には賃貸だけでなく分譲もある。

　またミックスト・インカム住宅は住宅開発事業の種類によって大きく

---

[23] Schwartz, Alex and Kian Tajbakhsh (1997).

4つに分類できるが[24]，2つ以上が組み合わさった事例もある。

（1）地方自治体の土地利用規制によるミックスト・インカム住宅開発事業。住戸密度の割り増しが与えられる密度ボーナス（Density Bonus），包括型ゾーニング，その他の土地利用規制を通して，民間開発業者に総住戸の内，一定の割合で低・中所得者向け住戸を確保させることにより，ミックスト・インカム住宅を促進させる。この住戸密度は日本にはない考え方で，敷地面積1エーカー（acre）当たりの住戸数の上限が決められており，単位住戸当たりの最小敷地面積で示されることもある。

（2）連邦政府のHOPE Ⅵプログラムによるミックスト・インカム住宅開発事業。プログラムの実行予算約10億ドルの半分は公共住宅をミックスト・インカム住宅に建て替える計画に資金提供された（HOPE Ⅵは2010年に終了）。

（3）地方自治体の住宅プログラムによるミックスト・インカム住宅開発事業。地方自治体は，資金提供を行う条件として，開発計画にミックスト・インカム住宅を含めることを求める。例えばマサチューセッツ，ニューヨーク等の州住宅金融公庫は低・中所得世帯のために全住戸の20%を確保する計画に対し，免税の融資を提供している。

（4）その他，民間開発業者によるミックスト・インカム住宅の開発事業。民間営利開発業者がアフォーダブル住戸を組み込むことにより利用できる様々なファンドを利用してミックスト・インカム住宅開発を行う。

---

24) ibid.

第5節

ミックスト・インカム住宅開発の長所・短所

　ミックスト・インカム住宅開発は一般的に民間営利開発業者による開発が多く，民間力を使って確実にアフォーダブル住戸を増やすことができる。またケース1では，かつて偏っていた公共住宅の住人の人種・所得の構成がミックスト・インカム住宅開発後の人種・所得の混合によって偏りが軽減され，ケース3では市場価格住宅による開発事業の継続が困難になった時，ミックスト・インカム住宅開発に転換し，それによる補助金によって開発事業の継続が可能となった等，ミックスト・インカム住宅開発は，事業者側にアフォーダブル住戸に対する補助金による財政的な保証を与え，入居者の人種・所得の混合により，公共住宅のような貧困の集中がなく，安全で良質な居住環境を低所得層に提供できる。このようにミックスト・インカム住宅開発は多くの長所があるが，開発手法によっては問題点も見られる。

　例えばケース1では，荒廃した公共住宅がミックスト・インカム住宅へ建て替えられたのだが，もともとあった1,081戸の公共住宅戸数は，建て替えによって，60％に削減された。またHOPE Ⅵの当初の契約では計画地外に代替公共住宅開発が予定されていたが，計画地外の代替公共住宅に対するHOPE Ⅵからの補助金は得られなかったため，代替公共住宅開発は頓挫し，アフォーダブル住戸は減ったままとなった。このようにHOPE Ⅵを使った計画では公共住宅をミックスト・インカム住宅へと建て替える際に，アフォーダブル住戸数が減少し，今まで住んでいた公共住宅の住人が建て替え後も継続して住むことができないケースが多い。そのため，建て替えられた住宅に入居できなかった住人には政

府から住宅バウチャーが発行されるが，他の場所に移らなければならない．場所によっては入居できるアフォーダブル住宅がないなど，公共住宅の元住人が行き場を失うケースも出ている。そのためアフォーダブル住戸数の維持・確保という点において，公共住宅をミックスト・インカム住宅へ建て替える開発はアフォーダブル住戸の供給手法としては問題もはらんでいると言える。

第 **3** 章

ロサンゼルス市のミックスト・インカム住宅

第1節
ロサンゼルス市のミックスト・インカム住宅

　ここではアメリカにおける主なミックスト・インカム住宅の予備調査から，アメリカの中でも移民の割合が高く深刻なアフォーダブル住宅不足問題を抱えているロサンゼルス市の民間営利開発業者によるミックスト・インカム住宅開発に着目した。

　ロサンゼルスは「都市圏周縁部が都心部をかたちづくり変えていく[1]」と考える都市研究グループ「ロサンゼルス学派」がゲーティッド・コミュニティやエッジ・シティなど現代都市社会の縮図である「プロトタイプ」都市であるとするなど，グローバリゼーションの影響を大きく受けている都市と考えられる。[2]

　またロサンゼルス市の都心部はもともとアフォーダブル住宅の多い地域で，市のダウンタウンであるセントラル・シティの東側にはホームレス等の社会的弱者が多く住むスキッド・ロウ（Skid Row）と呼ばれる地域があり，低所得層に加え超低所得層や社会的弱者を含めた階層が深刻な住宅問題を抱えている。さらに，アフォーダブル住宅の期限切れ問題やアフォーダブル住宅の市場価格住宅への移行等により深刻なアフォーダブル住宅不足が生まれており，ロサンゼルス市はアメリカにおいて最も重大なアフォーダブル住宅問題を抱える都市の1つとして認識されている。[3]

　そのため，グローバリゼーションの影響を大きく受け，アフォーダブ

---

1) 高橋重雄（2003），pp.245-263。
2) Newman, Peter and Andy Thornley (2004), pp.106-114.
3) The Los Angeles Housing Crisis Task Force (2003).

写真 3-1　シビック・センター

筆者撮影。

ル住宅不足問題が深刻化しているロサンゼルスのミックス ト・インカム住宅を取り上げる。

そこで、ロサンゼルス市におけるミックスト・インカム住宅について調査を行った。ミックスト・インカム住宅の住所や住戸数等の情報をまとめたリストがなかったため筆者は2007年時点の主要な集合住宅リスト（総事例数1,235件）[4]から調査対象地域を絞り、その内の賃貸集合住宅（事例数112件）をミックスト・インカム住宅、市場価格住宅、アフォーダブル住宅に分類した。使用した集合住宅リストはロサンゼルス・ダウンタウン・センター業務改善地区 (Los Angeles Downtown Center Business Improvement District：以下 DCBID)、ロサンゼルス市住宅部 (Los Angeles Housing Department：以下 LAHD)、住宅都市開発省 (U.S. Department of Housing and Urban Development：以下 HUD)、カリフォルニア州税額控除配分委員会 (California Tax Credit Allocation Committee：以下 CTCAC)、カリフォルニア州債務制限配分委員会 (California Debt Limit Allocation Committee：以下 CDLAC)、ロサンゼルス市コミュニティ再開発公社 (Community Redevelopment Agency of the City of Los Angeles：以下 CRA)、NPO でありコミュニティ開発法人 (Community-based Development Corporation：以下 CDC) として知られ

---

4) 総事例数は各住宅リストの事例数を加算した。そのため重複分を含む。

ているスキッド・ロウ住宅信託（Skid Row Housing Trust：以下 SRHT）と SRO 住宅機構（Single Room Occupancy Housing Corporation：以下 SROHC）から入手した[5]。調査対象地域はミックスト・インカム住宅の事例数が多い地域であることに加え，新聞・インターネット等によるミックスト・インカム住宅に関する記事の量を総合し[6]，セントラル・シティ（Central City）とセントラル・シティ・ウエスト（Central City West）に定めた。セントラル・シティは市のコミュニティ計画地域（Community Plan Area）の1つである。またセントラル・シティ・ウエストはウエストレイク・コミュニティ計画地域（Westlake Community Plan Area）を構成する地域の1つであり，セントラル・シティに近接しているため，特定計画地域（Specific Plan Area）として定められ，商業と住宅の複合用途開発が想定されている。

　調査対象地域（図3-2）にはミックスト・インカム住宅が15件あり，これらについて完成年，総住戸数とアフォーダブル住戸数，開発業者に加え，主要なファンド，アフォーダブル住戸比率，所得制限，アフォーダブル住宅契約期限を調査により明らかにした（表4-1，p.114）。これによると調査対象地域のミックスト・インカム住宅15件の内，市場価格住宅にアフォーダブル住戸が15〜20％程度組み込まれている民間営利開発業者による事例が12件，その内新築事例は8件（表4-8）あることが分かった。

---

5) CDLAC Website（2008-6 参照 b）；CRA（2008）；CTCAC（2008 参照）；DCBID（2007b）；HUD Website（2008-3 参照）；LAHD（2007b）；SRHT Website（2008-3 参照）；SROHC Website（2008-3 参照）．資料の選定には CRA（2008）を参考にし，ダウンタウンで活動している DCBID，SRHT，SROHC を加えた。

6) Los Angeles Times, Los Angeles Downtown News, 各 MIH のウェブサイトを参照した。

図 3-1　ロサンゼルス市のコミュニティ計画地域

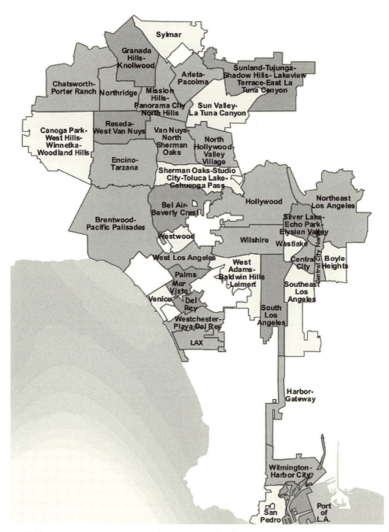

出所： City of Los Angeles（2010-10-12 参照）．

図 3-2 調査対象地域のミックスト・インカム住宅（2007年）

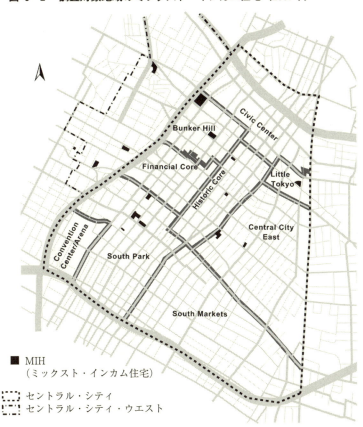

■ MIH
　（ミックスト・インカム住宅）
┆┈┆ セントラル・シティ
┆┈┆ セントラル・シティ・ウエスト

出所： 注5記載の文献を基に筆者が作成。

第2節

ロサンゼルス市の概況

　ロサンゼルス市の人口は1850年以来増加を続け，2000年現在369万4,820人となる。人種の構成は白人46.9％，黒人11.2％，アメリカ先住民0.8％，アジア人10％，太平洋諸島系0.2％，白人とその他の人種との混血5.2％，その他25.7％となる。また人口の46.5％はヒスパニック・ラテン系，29.8％はヒスパニック・ラテン系でない白人となり，ロサンゼルス市はヒスパニック・ラテン系の割合がカリフォルニア州全域の中で高い。

　市の面積は1,214km²で，日本の大阪府ぐらいの大きさである[7]。

　一般的に政治・経済・文化の中心的役割を果たす活動は都市の中心部に集積しているが，ロサンゼルス市とその周辺からなるロサンゼルス都市圏では「エッジ・シティ」と呼ばれるように，従来の都心部であるダウンタウンから離れた場所においても都市機能が集積した場所が形成されている。

セントラル・シティ（通称：ダウンタウン）

　ロサンゼルス市のダウンタウンはかつて政治・経済・文化の中心的役割を果たしていた。都市のスプロール化が進行し，1960年代から1980年代にかけてその地位が著しく低下したものの，現在も市で最大の商業地域である[8]。1998年以前は商業，工業地域が大部分を占め，住居地域の面積が全体の5％と極端に少なかった[9]。そして市場価格住宅よりアフォー

7）Los Angeles Almanac（2010-9参照）．
8）高橋重雄（1999），p.55。

ダブル住宅が多く，元来アフォーダブル住宅の需要が高い地域であった。1998〜2005年の市のゼネラル・プラン住宅エレメントによりダウンタウンの住宅開発が奨励されたのに連動し，1999年に老朽化した建物を住宅に転用することを容易にするアダプティブ・リユース条例（Adaptive Reuse Ordinance）[11]が施行されたため，セントラル・シティの商業，工業地域で住宅が建設可能となり，多くの市場価格住宅が建設された。そしてロフト（倉庫建築）ブームなどもあり，市場価格住宅に多くの高所得層が流入した。[12]図3-3をみると，ダウンタウンの人口は1990年に大きく減少したが，その後は継続して人口増加が見込まれていることが分かる。その結果，市場価格住宅の建設が優先され，アフォーダブル住宅の大きな需要はあるが，アフォーダブル住宅の単独開発は困難となった。図3-4はダウンタウンの住戸数を示している。1999年のアダプティブ・リユース条例施行以前はアフォーダブル住戸が最も多かったが，1999年から2007年までは賃貸住宅（アパートメント）の住戸数が増加し，その後は分譲住宅（コンドミニアム）の住戸数が増加することが予想されている。一方，アフォーダブル住戸はほとんど増加していないことが分かる。

さらに既存のアフォーダブル住宅が市場価格住宅へ転用されるという事態も起こり，公的扶助を導入した民間アフォーダブル住宅に課せられ

9）City of Los Angeles（2008 参照），p.I-4.
10）DCBID のウェブサイト，Downtown Los Angeles Fact Sheet, Downtown Los Angeles Housing Units, 4th Quarter 2007，（http://www.downtownla.com/ 2008-5-15 参照）．
11）City of Los Angeles（2006）．これによるとアダプティブ・リユースとは現存する荒廃した建物を新しく，より生産的な目的のために適合させることである。アダプティブ・リユース条例によって現存する建物は新たな賃貸集合住宅，分譲集合住宅，生活／仕事の空間，またはホテルに容易に転用することができる。
12）DCBID（2007c），p.5.

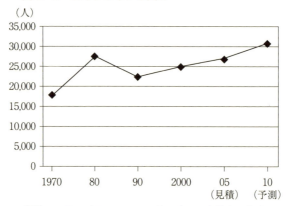

図 3-3　ダウンタウンの人口

出所：　City of Los Angeles (1998) により筆者が作成。

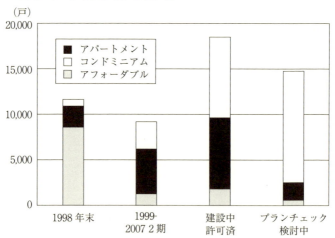

図 3-4　ダウンタウンの住戸数

出所：　DCBID (2007a) により筆者が作成。
注：　アパートメント：賃貸住宅の住戸数，コンドミニアム：分譲住宅の住戸数，アフォーダブル：アフォーダブル住宅の住戸数を指す。

る契約義務の期限切れ問題と併せてアフォーダブル住宅不足が深刻化している。[13]

セントラル・シティ・ウエスト

セントラル・シティ・ウエストはセントラル・シティの西側に位置し，比較的アフォーダブル住宅の多い地域である。当地域は，近年ダウンタウンで起こっていた商業と市場価格住宅の積極的な開発に対し，アフォーダブル住宅を含むバランスのとれた開発が期待されている[14]。同時にアフォーダブル住宅が減少する問題に対し，特定計画（Specific Plan）[15]の中でアフォーダブル住戸の付置を義務化することによって対処している。

ロサンゼルス市における2つのエリアの位置づけ

この広大な面積を持ち，多種多様な人種で構成されているロサンゼルス市の都市計画を決定するのがゼネラル・プランである。1937年にカリフォルニア州のすべての市と郡でゼネラル・プランを規定することが義務づけられた。しかし30年以上の間，ゼネラル・プランは補助的な文書の域を出なかったが，1971年にカリフォルニア州ではゾーニング条例等がゼネラル・プランと一貫性をもたなければならないという法案が可決され，これによりかつて土地利用に最も強い影響力をもっていたゾーニング条例はゼネラル・プランの総合目標や指針に従うことになり，両者の整合性が図られた。その結果，ゼネラル・プランは地方自治体の将来の土地利用の基本的方向性を決める土地利用憲章となった[16]。

そこで調査対象地域であるセントラル・シティとセントラル・シテ

---

13) City of Los Angeles（2008 参照）.
14) City of Los Angeles（1997），p.I-2.
15) City of Los Angeles（1998）.
16) DiMassa, Cara Mia（2005）.

写真3-2　セントラル・シティ・ウエスト（1）

写真3-3　セントラル・シティ・ウエスト（2）

以上2点，筆者撮影。

ィ・ウエストをみると，ロサンゼルス市のゼネラル・プランの土地利用ダイアグラム[17]の中でセントラル・シティはダウンタウン・センターとして位置づけられている。ゼネラル・プランによると，ダウンタウン・センターとはロサンゼルス郡を含めた周辺の5郡におけるロサンゼルス都市圏の国際的な商業・貿易の中心，政府機能の中心，高層集合住宅，文化・エンターテイメント・ホテル・本社機能等が集積している場所のことで，一般的に容積率が1,300％の高層ビルによって特徴づけられている。ゼネラル・プランでは特にダウンタウン・センターがロサンゼルス都市圏の経済の中心機能を維持するために，そこで働く人々を収容する高密度な集合住宅の開発を重要視している。またロサンゼルス市のゼネラル・プランの中でセントラル・シティ・ウエストはリージョナル・センターとして位置づけられている。ゼネラル・プランによると，リージョナル・センターとは市全域の中で商業，オフィ

写真 3-4 バンカー・ヒル

筆者撮影。

ス,住宅等の重層化利用を中心としたバランスのよい開発を重要視した場所として位置づけられている。商業に特化するものもあれば,住宅と商業を混合利用するものもある。一般的にリージョナル・センターは,容積率が150〜600%で6〜20階の建物により特徴づけられている。

　市の面積が大きいロサンゼルス市は,35のコミュニティ計画エリア(Community Plan Area)で構成されている。コミュニティ計画エリアとは,市のゼネラル・プランを具体的に展開するために細分化された地域を指し,各地域で作成されるコミュニティ計画にはゼネラル・プランと同等の法的権限が与えられる。本研究のセントラル・シティはコミュニティ計画エリアの1つであり,セントラル・シティ・ウエストはコミュニティ計画エリアの1つであるウエストレイクの一部である。[18]

　セントラル・シティのコミュニティ計画にはその役割,土地利用政策,[19]

---

17) City of Los Angeles, Department of City Planning (1995), Figure 3-1.
18) City of Los Angeles, Department of City Planning. (http://cityplanning.lacity.org/ 2007-7 参照)

交通と循環，都市デザイン等が決められているが，その中で，住宅問題として中所得者向け住宅の不足，工業労働者向けアフォーダブル住宅不足等が挙げられている。またウエストレイクのコミュニティ計画では[20]，住宅問題としてアフォーダブル住宅の不足，高級化（ジェントリフィケーション）による住人の立ち退き等が挙げられている。このことから，ロサンゼルス市は調査対象地域における住宅問題として低・中所得者向けアフォーダブル住宅の不足を認識していると言える。

　ここでセントラル・シティのコミュニティ計画からセントラル・シティの特徴を述べる。セントラル・シティの面積はロサンゼルス市の面積の１％未満の8.745km²。USセンサス2000によると，人口は２万5,208人でロサンゼルス市全体の人口の0.7％弱となっている。住宅のほとんどが集合住宅で，全体住戸の98％を占めている。平均世帯人数は1.54人で市の平均世帯人数2.83人に比べ，かなり少人数で構成されている。居住者の人種別内訳はヒスパニック系が34％，黒人が23％，ヒスパニック系でない白人が17％，アジア人・太平洋諸島系が23％，アメリカ先住民が0.7％となり，ヒスパニック系，黒人，アジア人・太平洋諸島系の割合が特に高い。1999年の平均世帯収入は４万4,758ドルで，これは市全体の平均より25％低いが，10年前のセントラル・シティにおける平均世帯収入よりも50％以上高い。

　セントラル・シティ計画地域は９つの地区からなる。

（１）シビック・センター

　連邦，州，郡，市政府のオフィスがシビック・センターに位置している。セントラル・シティのシビック・センターはアメリカで２番目に公共建築が集中している地区である。

---

19) SROHC Website, Housing Sites.
20) City of Los Angeles (2006).

（2）バンカー・ヒル

　バンカー・ヒルはダウンタウンで最初の再開発地域である。この地区はかつて上質な住宅が多くあったが，その多くは時が経つにつれ荒廃した。1959年にバンカー・ヒル再開発計画が採択され，新たにオフィス，住宅，ホテル，小売り，商業，美術館，文化施設等の複合用途利用が計画された。バンカー・ヒル再開発では緑を配した高層タワーを建設し，他の多くのダウンタウンにみられる緑の少ない壁状の建物やブロック・パターンになることを避けている。そして歩車分離を進め，多くの公共広場を配置している。

（3）ファイナンシャル・コア

　現代的な高層のオフィス・ビルが多く立つ地区である。1900年代初めにはショッピング・センターがあったが，郊外のショッピング・センターが増加するにしたがって，ファイナンシャル・コアのショッピング・センターは衰退していった。その後ファイナンシャル・コアに多くのオフィス・ビルが建設されている。

（4）サウス・パーク

　サウス・パークは，住宅に小売りや商業施設が付加している複合用途の建物が多くある地区である。補強されていない平屋のレンガ造り倉庫が地区の至る所に分散している。現在，新たに小売店舗，ホテル，レストラン，エンターテイメント施設等が建設されている。特にダウンタウンで働く労働者の住宅需要や荒廃した古い商業ビルを集合住宅に転用するアダプティブ・リユース条例の影響により多くの住宅が建設されている。

（5）コンベンション・センター／アリーナ

写真 3-5　ファイナンシャル・コア

筆者撮影。

写真 3-6　サウス・パーク

筆者撮影。

コンベンション・センター／アリーナはエンターテイメント施設が隣接する地区である。

(6) ヒストリック・コア

　ヒストリック・コアはセントラル・シティの中心に位置している。そのため他の地区のビジネス，金融，文化から工業まで密接に繋がっている。ヒストリック・コアは，政府関連施設が集中した北側，空きビルや小売店舗が多くを占める中央部分，ファッション地区とサウス・パークの住居地域に繋がる南側と大きく3つに分けられる。ヒストリック・コアの使われていない商業，オフィス・ビルは住居に転用され，ダウンタウンの活性化に貢献している。

(7) セントラル・シティ・イースト

　セントラル・シティ・イーストは卸売業と食品加工業等が多く，1900年代初めに建てられた補強されていないレンガ造り倉庫が多数存在する。約6,500戸のSRO(Single Room Occupancy) ホテルがこの

写真 3-7　ヒストリック・コア

筆者撮影。

写真 3-8　セントラル・シティ・イースト

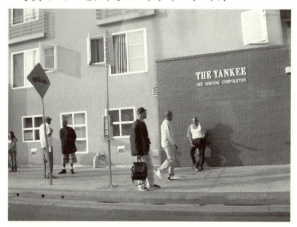

筆者撮影。

写真 3-9　リトル・トーキョー

筆者撮影。

地区にある。またこの地区は，アルコール依存者や精神障害者をサポートする社会サービスセンターとなっている。

(8) サウス・マーケット

　サウス・マーケットは衣料品の製造，卸売り，小売りのほか，花の卸売り，玩具製造・販売等が行われている地区である。この地区の商業はセントラル・シティ・イーストと密接な関係にある。

(9) リトル・トーキョー

　リトル・トーキョーはアメリカ最大の日系コミュニティの中心として位置づけられる。2～3階建てのレンガ造り建築と店舗がショッピング・エリアを形成し，観光客だけでなく周辺の労働者にも利用されている。この地区の建物は，1900年代初めに建てられた2～3階建ての低層建物から近代的な高層ビルまで多様である。そして約850人の居住者に加え，小売り，ホテル，オフィス，商業等の複合用途によるコミュニテ

ィを形成している。この地区では住宅の新規開発と改修の両方が盛んに行われており，多くの住戸が新たにつくられている。

　セントラル・シティの商業地域は3.347km²で，ファイナンシャル・コアに集中している。また小売りはヒストリック・コア，オフィスはバンカー・ヒルに集中している。工業地域は3.537km²で，セントラル・シティ・イーストに衣類の卸売り，玩具・電気メーカー，花卸売り，食品加工等の工場が集中している。住居地域は主にセントラル・シティ・イースト，サウス・パーク，バンカー・ヒル，リトル・トーキョーに見られるが，全体面積が0.437km²でセントラル・シティ全体の5％にすぎない。セントラル・シティの住宅需要の高まりを受け，1999年にアダプティブ・リユース条例が採択され，セントラル・シティでは大規模な住宅開発が行われている。

　またウエストレイク・コミュニティ計画によると，セントラル・シティ・ウエストはウエストレイクの主要な地域の1つとして位置づけられている。そしてセントラル・シティ・ウエストの土地利用は，1991年に採択されたセントラル・シティ・ウエスト特定計画によってダウンタウンの高密度な商業，住宅開発と均衡を保つように定められた。セントラル・シティ・ウエストの南側はオフィス利用が多いが，北側は集合住宅が多く活発な開発が行われていない。しかしセントラル・シティ・ウエストはウエストレイクの中で大きな面積の空地がある唯一の地域であり，ダウンタウンにも近く，交通の便も良いため，ウエストレイクの中で最も商業・住宅開発に適した場所となることが期待されている。

写真 3-10　セントラル・シティ・ウエスト（3）

筆者撮影。

写真 3-11　セントラル・シティ・ウエスト（4）

筆者撮影。

第3節

ロサンゼルス市の住宅問題

　1999年9月に全国低所得住宅連合（National Low Income Housing Coalition）は，全米で住民が直面している深刻なアフォーダビリティの危機を報告した。ロサンゼルス市ではこれを受けて直ちに市議会によって結成されたロサンゼルス住宅危機作業部会（Los Angeles Housing Crisis Task Force）が，ロサンゼルスにおけるアフォーダビリティの危機を報告書"In Short Supply"[21]によって明らかにした。

　この報告書でロサンゼルス住宅危機作業部会は，賃金と住居費のギャップの拡大，住宅用地の不足，狭隘等を挙げ，住宅危機の調査・分析を行った。それを以下に示す。

（1）ロサンゼルス市の経済は低賃金労働者によって支えられているが，低賃金労働者の多くは収入の半分以上を家賃として支払っている。1999年時点でアパートメントの2ベッド室を家賃766ドル／月で借りるためには1時間14.90ドル稼がなければならない。カリフォルニアの最低賃金である1時間5.75ドルを稼いでいる労働者は，家賃のために週100時間以上働かなければならない。

（2）市のアフォーダブル住宅へのニーズはセクション8の家賃補助に登録した世帯数が指標となる。市の全世帯の約10％にのぼる15万3,000世帯が家賃補助に登録しているが，この中で現在セクション8（有資格証書方式とバウチャー方式）による補助を受けている世帯はその約3分の1にすぎない。家賃補助は市が発行している4万1,000世帯の有資格

---

[21] The Los Angeles Housing Crisis Task Force (2003).

証書・バウチャーに対し，新規の募集枠が毎年約3,600世帯分しかない。そのためウェイティングリストに登録している世帯は，家賃補助を受けるのに10年以上待たなければならない。

(3) ロサンゼルス市では建設用地が不足しており，新築住宅の建設はほとんど行われていない。1998年7月から1999年6月の間に，市の人口が6万5,000人増加したが，市で新たに建設された住戸は1,940戸だけだった。市は利用されていない商業地域を複合用途（mixed use）に変更し，住居地域と商業地域を統合しようとしているが，建物規定（Building Code）との齟齬が住居と商業の複合利用の障害となっている。

(4) 市の全住戸数130万戸の住宅ストックの約30％に当たる37万2,000戸は狭隘の問題があり，その内10万2,000戸は深刻な問題があるとされた。過去10年間に市の人口が30万人増えたが，住戸数はたった3万600戸しか増えなかったため，住宅不足が狭隘の問題をさらに悪化させている。

(5) 市には現在の土地利用の水準では住宅用地はほとんど残されていない。市の1,214k㎡の土地総面積の42％に当たる505k㎡が住居地域となっている。この住居地域の84％に当たる424k㎡は一戸建て住宅に利用されている。そして残りの16％に当たる81k㎡が分譲住宅を含む集合住宅に利用されている。

(6) 過去10年間に市のアフォーダブル住宅が民間の住宅，商業施設，学校等の新築のために解体され，また連邦と市の補助金の期限切れ，それに伴う家賃上昇等によりアフォーダブル住宅が市場価格住宅に代わった。毎年，ロサンゼルス市住宅部（Los Angeles Housing Department）は900～1,000戸のアフォーダブル住戸の建設，改修に融資しているが，750戸以上の老朽化したアフォーダブル住戸が解体され，500戸以上の補助金付き住戸の家賃が市場価格住戸の家賃水準にまで引き上げられている。

（7）ロサンゼルス市では既存のアフォーダブル住宅が急速に減少しているにもかかわらず，連邦，州，市からのアフォーダブル住宅の新築，改修に充てられる予算が縮減されている。他の都市と比較してみると，ニューヨークはアフォーダブル住宅に人口１人当たり74.88ドル，シカゴは57.89ドル，サンディエゴは69.40ドル，サンホセは101.87ドル費やしているのに対し，ロサンゼルスは43.16ドルしか費やしていない。そのため，人口が全米第２位の都市であるにもかかわらずアフォーダブル住宅への支出は低いレベルとなっている。

　この報告書から，ロサンゼルス市では賃貸住宅利用者が多数を占めているにもかかわらず，賃金上昇を上回る家賃上昇やアフォーダブル住戸ストックの減少により，賃貸住宅のアフォーダビリティが低下し，特に低所得層の家賃の負担が極端に増加したことが分かった。上記以外にも様々な問題によるアフォーダビリティの低下が狭隘，荒廃，ホームレスの増加など居住環境に対する危機的状況を引き起こしていることが報告書の中で報告された[22]。これはロサンゼルス市のアフォーダビリティ問題が単に家賃や住宅不足の問題だけでなく，居住環境にまで影響を及ぼしていることを示している。

　ロサンゼルス市においてミックスト・インカム住宅が注目されたのは，以下のアフォーダブル住宅の期限切れ問題が表面化したためであった。報告書 "In Short Supply" で指摘されたように，ロサンゼルス市では1960年代に行われた主に連邦政府の低利融資などによるアフォーダブル

---

22) The Los Angeles Housing Crisis Task Force (2003), pp.5-16. 岡田徹太郎（2001）によれば，近年のアメリカの住宅問題に関して建物が欠陥をもつ「居住物件の物理的問題」よりも費用面の問題である「アフォーダビリティ問題」が深刻になってきたとしている。しかし The Los Angeles Housing Crisis Task Force (2003) は，ロサンゼルス市のアフォーダビリティ問題は依然として居住環境と大きく関連していることを示している。

住宅補助が一括返済などにより契約期限を迎えることによって起こる,急激なアフォーダブル住宅の減少[23]が懸念された。これはアフォーダブル住宅の期限切れ問題と呼ばれている。表3-1から市におけるすべてのアフォーダブル住戸5万3,365戸の内, 2000年までに2万3,238戸が期限切れで失われてしまったことが分かる。この中で連邦住宅庁（Federal Housing Administration）のセクション221（D）（3）, 236（J）（1）によって資金援助されたアフォーダブル住戸数が特に多く, 2005年までにそれらのほとんどが期限切れになると算定された。1960年代の住宅政策は表2-1に示した。広域機関である南カリフォルニア連合政府（Southern California Association of Governments）によると, 市のアフォーダビリティを改善するために1998年から2005年の7.5年間に新規住宅が6万280戸（年間8,000戸）必要であり, その内アフォーダブル住戸は年間3,787戸が必要であった[24]。そこで市は1998年から2005年にアフォーダブル住宅建設促進のための資金を年間1億ドル計画し, 2002年にアフォーダブル住宅信託基金（Affordable Housing Trust Fund）を設立したが, 実際は7.5年間で2億4,584万5,965ドルしか集めることができなかった[25]。そのためアフォーダブル住戸の増加は目標以下の水準にとどまった。

　連邦政府のアフォーダブル住宅予算が縮小され, アフォーダブル住宅の期限切れ問題が問題視される中, 市は新たなアフォーダブル住戸の供給手法を模索する上でミックスト・インカム住宅に注目した。1998年から2005年までのゼネラル・プランの住宅エレメント（General Plan Housing Element）[26]ではミックスト・インカム住宅についての記述はな

---

23) City of Los Angeles, Department of City Planning（2002）, Chapter Ⅲ, p.2.

24) City of Los Angeles（2005）.

25) City of Los Angeles, Department of City Planning（2008）, Appendix I, Evaluation of the 1998-2005 Housing Element Policies and Programs, p.I-17.

表 3-1 ロサンゼルス市におけるアフォーダブル住戸の期限切れ

主要な プログラム	期限切れに なる住戸 2000/12/30 以前	2000/12/31 から 2005/6/30	2005/7/1 から 2010/6/30	2010/7/1 以降	不明	合計
セクション 202/811	638	345	222	527	0	1,732
セクション 207	543	0	0	0	0	543
セクション 221(D)(3)	3,585	21	0	0	0	3,606
セクション 221(D)(4)	949	458	0	0	80	1,487
セクション 231	26	0	0	0	0	26
セクション 236(J)(1)	10,296	75	0	344	160	10,875
市の債券	1,330	679	624	1,545	188	4,366
CDBG	0	380	64	746	2,234	3,424
CHFA	0	0	0	555	39	594
CRA	2,494	379	1,481	6,682	779	11,815
密度割増	57	38	24	82	1,304	1,505
HOME	338	188	109	1,068	1,063	2,766
土地利用	163	38	0	28	676	905
セクション 8-新築	1,491	2,120	757	757	0	5,125
セクション 8-その他	1,197	821	558	490	1,305	4,371
その他	131	3	0	75	16	225
合計	23,238	5,545	3,839	12,899	7,844	53,365

出所： City of Los Angeles, Department of City Planning (2002), Chapter Ⅲ, pp.2-5.
注： 表中の CDBG はコミュニティ開発包括補助金 (Community Development Block Grant)，CHFA はカリフォルニア住宅金融機関 (California Housing Finance Agency) による融資を意味する。また，西田裕子 (1993)「Ⅳ 住宅政策」『現代の都市法——ドイツ・フランス・イギリス・アメリカ』東京大学出版会, pp.501-502によると HOME は1990年アフォーダブル住宅法によって設けられた補助金制度である。

表 3-2　カリフォルニア州とロサンゼルス市の住宅政策

年	住宅政策
1945年	カリフォルニアコミュニティ再開発法(California Community Redevelopment Law)施行(1951年改定)
1948年	ロサンゼルス市コミュニティ再開発公社(Community Redevelopment Agency of the City of Los Angeles：CRA)設立
1978年	カリフォルニア州提案13号(Proposition13)による固定資産税の切り下げ
1985年	カリフォルニア州債務制限配分委員会(California Debt Limit Allocation Committee：CDLAC)設立
1995年	ロサンゼルス市のアフォーダブル住宅インセンティブ・プログラム(Affordable Housing Incentive Program)
1999年	ロサンゼルス市のアダプティブ・リユース条例(Adaptive Reuse Ordinance)
2003年	ロサンゼルス市の35％密度ボーナス条例(35% Density Bonus Ordinance)

出所：　筆者作成。

かった。しかし，2006年以降の住宅政策に関して住宅エレメント草案(Draft of Housing Element)[27]の中で，市はミックスト・インカム住宅によるコミュニティの形成を実行することを表明した。但し，市のミックスト・インカム住宅に対する政策は建築基準を緩和する政策のみで，連邦の免税債（tax exempt bond）を推奨する政策が示されただけであった。また市がミックスト・インカム住宅政策として取り組んだ包括型ゾーニング条例は，2007年時点では民間開発業者等の反対を受け否決された。そのため市におけるミックスト・インカム住宅の位置づけが高まったが，依然としてミックスト・インカム住宅の政策は上記の誘導政策にとどまっている。その結果，ロサンゼルス市のミックスト・インカム住宅開発は市のプログラムによらない民間営利開発業者が主体となっている。

---

26) City of Los Angeles, Department of City Planning (2002).
27) City of Los Angeles, Department of City Planning (2008).

第4章

ロサンゼルス市の
ミックスト・インカム住宅の開発手法

第 1 節
ロサンゼルス市のミックスト・インカム住宅

　ロサンゼルス市の調査対象地域を調査したところ，ミックスト・インカム住宅が15件あることが分かった。そのミックスト・インカム住宅15件について主要なファンド[1]とその金額，アフォーダブル住戸比率，所得制限，アフォーダブル住宅契約期限の調査結果を表4-1にまとめた。

　本章では調査対象地域におけるミックスト・インカム住宅開発事業が利用しているファンドに注目する。具体的には第3章において調査した調査対象地域のミックスト・インカム住宅のファンドの適用条件，現地調査及び関係機関から直接得た一次資料をもとにファンド，アフォーダブル住戸比率，所得制限，アフォーダブル住宅契約期限により事例を個別に分析することで調査対象地域のミックスト・インカム住宅の開発手法を明らかにする。本章では，調査対象地域のミックスト・インカム住宅は表4-1のプロジェクト番号M1～M15を使用する。

1　ファンド

　調査対象のミックスト・インカム住宅15件の内14件についてファンドの種類が明らかになり，その内8件については内訳が分かった（表4-1，4-2，4-3）。それによると調査対象地域におけるミックスト・インカム住宅の主なファンドは，低所得者用住宅税額控除（Low Income Housing Tax Credit：以下LIHTC），免税債，CRAローンの3つ

---
[1] ファンドはプロジェクトの開発資金を意味する。ファンドという用語は一般的に使用されており，本書ではカナ表記とした。

に分類できる。

低所得者用住宅税額控除（LIHTC）

　低所得者用住宅税額控除は連邦政府によって1986年の税制改革法（Tax Reform Act）で縮減された賃貸住宅減価償却の代替として1989年までの時限的な制度として導入されたが，その後1993年統合予算調整法（Omnibus Budget Reconciliation Act）によって恒常的な制度へ改編された。低所得者用住宅税額控除は，①連邦政府の補助を受けない賃貸住宅の新規建設費用の70％，②連邦政府の補助を受けた賃貸住宅の新規建設費用の30％又は既存住宅の取得費用の30％について，10年間にわたって税額控除するというものである[2]。税額控除額を算定するための費用の基準額は財務省（U.S. Department of the Treasury）によって毎月現在価値に修正されるが，単年換算すると①は当初費用の約9％，②は約4％となる。そのため①は9％LIHTC，②は4％LIHTCと呼ばれている[3]。

　低所得者用住宅税額控除の特徴は，税額控除の権利を投資家に移転できることである。低所得者用住宅税額控除を利用する多くの開発業者は，税額控除の権利を投資家に移転することによって投資家から資金提供を受け，それで建設費用をまかなっている。図4-1によってこの仕組みを見る。

　低所得者用住宅税額控除は内国歳入庁（Internal Revenue Service; IRS）によって管理され，州の住宅需要に基づき，人口1人当たり1.25ドル（2001年から1.75ドル）を上限として毎年の権限が州によって割り当てられる。州は開発業者に低所得者用住宅税額控除を配分する機関を設立し，この機関に配分の決定権が与えられる（図4-1中の①）。カリフォルニア州では州税額控除配分委員会（California Tax Credit Alloca-

---

2）Title 26（Internal Revenue Code）（2008参照）.
3）Pavao, William J.（2008参照）pp. 1-2.

tion Committee：以下 CTCAC）が低所得者用住宅税額控除を割り当てている。低所得者向け賃貸住宅を開発し，低所得者用住宅税額控除を受けようとする開発業者は計画を CTCAC に提出し，低所得者用住宅税額控除の申請をしなければならない（図4-1中の②）。低所得者用住宅税額控除の配分はこの申請書に基づいて決められる。開発業者はシンジケータを通してプロジェクトの出資者（個人・法人投資家）を集い，税額控除を分配する。税額控除は通常，投資家の税を軽減するのだが，この税額控除が課税額を上回る場合にも税の払い戻しを受けることができるため，投資家にも大きなメリットとなる。投資家はプロジェクトの運営に携わる開発業者のパートナーとしてプロジェクトの建設費に対して出資するが，通常の投資収益の代わりにこの税額控除を受け取るようになっている。低所得者向け住宅の開発・運営から投資家に投資利益を分配することは難しい。しかし低所得者用住宅税額控除は投資利益に代わる税額控除の配分を通じて一般の投資家から広く資金を集めることができるため，低所得者向けのアフォーダブル住宅の供給を促進するプログラムとして期待されている。

免 税 債

免税債は連邦政府によって1954年税法（tax code）の一部として確立された[4]。現在カリフォルニア州で免税債を割り当てているカリフォルニア州債務制限配分委員会（California Debt Limit Allocation Committee：以下 CDLAC）は，1984年税制改革法で免税債に上限が定められたのを受け，当時の知事によって1985年に設立された[5]。1999年まで免税債は割当総額より高い建設需要を反映して競争率が高く，また当時行われていた申請順による割当システムが不合理的だったため不評であった。当時

4）Rysman, Molly（2005）．
5）CDLAC Website（2008-6 参照 a）．

表4-1 調査対象地域のミックスト・インカム住宅（2007年）

No.	プロジェクト	完成年	総住戸数(AH住戸数)	主要なファンド	主要なファンド額(ドル)	AH住戸比率(%)	対象AMI(%)	契約期限(年)	開発業者
M1	Promenade Towers Apartments	1986	583(86)	免税債	52,000,000	15	80	30	民間営利
				CRAローン	1,000,000				
M2	Grand Tower Apartments	1988	372(56)	免税債	50,000,000	15	80	45	民間営利
				CRAローン	6,400,000				
M3	The Met	1990	270(42)	CRAローン	10,500,000	16	80	20	民間営利
M4	Renaissance Tower Apartments	1994	192(29)	CRAローン	3,700,000	15	80	30	民間営利
							120		
M5	Grand Central Square Apartments	1995	121(61)	CRAローン	4,494,900	50	50	40	民間営利
							80		
							120		
M6	The Gas Company Lofts	2004	251(53)	CRAローン	4,300,000	21	50	55	民間営利
							80		
M7	Santee Court	2004	165(33)	免税債	30,000,000	20	50	55	民間営利
				4% LIHTC	753,500				
M8	Met Lofts	2005	264(53)	免税債	59,000,000	20	50	55	民間営利
				4% LIHTC	3,103,465				
M9	The Flat	2005	205(30)	NA	NA	15	NA	NA	民間営利

M10	Lofts at the Security Building	2006	153(31)	免税債 4% LIHTC	18,500,000 8,514,263	20	50	55	民間営利
M11	Hikari	2006	128(26)	免税債	26,665,712	20	40 50	55	民間営利
M12	Glo	2007	201(41)	免税債 4% LIHTC	47,500,000 2,647,006	20	50	55	民間営利
M13	Belmont Station Apartments	2008	263(54)	免税債 4% LIHTC	47,000,000 3,635,000	21	50	55	民間営利
M14	Meera Town Homes	2002	21(16)	9% LIHTC	2,908,700	80	35 50	NA	民間営利
M15	The Yankee Hotel	2005	80(56)	9% LIHTC	9,464,011	70	NA	55	民間非営利

出所：CDLAC Website（2008-6 参照）、CRA（2008）、CTCAC（2008 参照）、DCBID（2007b）、HUD Website（2008-3 参照）、LAHD（2007b）、SRHT Website（2008-3 参照）、SROHC Website（2008-3 参照）から筆者が作成。住戸数は CRA（2008 参照）を参照。ファンド、AH 住戸比率、対象 AMI（地域所得中位値）、契約期限、開発業者については、CRA（2008 参照）、CDLAC（2002、2003a、2003b、2004、2006a、2006b）、CTCAC（2000、2003）、Grand Tower and Promenade Towers info（1994）、Hikari info（2008 参照）を参照した。開発業者については、各 MIH のウェブサイトも参照した。

注：1）AH アフォーダブル住宅、AMI 地域所得中位値、LIHTC 低所得者用住宅額税控除
2）M13は2008年8月に完成。M14は調査対象地域外であるがとても近い場所に位置しているため調査対象に含めた。主要なファンド額は長期（Permanent）の金額を使用した。

図 4-1 連邦政府から民間部門への低所得者用住宅税額控除移転の仕組み

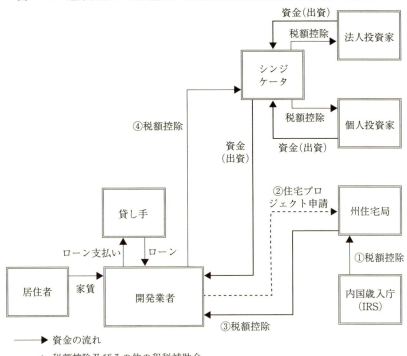

出所: 岡田徹太郎 (2001) から筆者が作成。

の州財務長官 (State Treasurer) フィリップ・アンジェライズ (Phillip Angelides) が2000年に現在の点数制にシステムを変更し，アフォーダブル住宅とミックスト・インカム住宅の開発を優遇した。[6] 2008年時点で免税債は CDLAC によって6つのプログラムに利用されており，その内の1つである適格住居賃貸プログラム (Qualified Residential Rental Program)[7] がミックスト・インカム住宅開発に使われている。免税債は

---

6) Turoff, Steffen (2003), pp. 7-8.

通常より低利率のファンドであり,民間開発業者は民間投資者に債券(bond)を販売し,購入した投資者は税額控除を受けられる。さらに,免税債を割り当てられた建物は申請すれば無条件で4％LIHTCを受けられる。[8]

CRAによるローン

1948年,ロサンゼルス市によって設立された公的機関であるロサンゼルス市コミュニティ再開発公社（Community Redevelopment Agency of the City of Los Angeles：以下CRA）は地域の活性化のために再開発を行い,アフォーダブル住宅の供給に努めてきた。その役割については,カリフォルニア州コミュニティ再開発法（California Community Redevelopment Law）の中で,市の低・中所得世帯に安全で清潔なアフォーダブル住宅を供給すること,そしてCRAの歳入の20％を低・中所得者向けアフォーダブル住宅の供給を維持,改善,拡大させるために使用することが定められている。CRAローンはCRAが行う資金援助の一般的な方法であるが,その条件はプロジェクト,開発業者,ローンの種類によって変わる。[9]

調査対象地域で免税債を利用しているミックスト・インカム住宅は8件と最も多く,特に2000年に免税債の割当システムが改善されてからほとんどすべてのミックスト・インカム住宅に免税債が利用されている

---

7) CDLACのウェブサイトによると免税債は現在6つのプログラムに利用されている。Qualified Residential Rental Programは,the General Pool, Mixed Income Pool, Rural project Poolの3つの範疇に分けられている。

8) Rysman, Molly (2005), p.22.

9) Dave Neubecker, CRA Assistant Project Manager, Downtown Regionの電子メールによる (2008.7.24)。CRAの役割は,CRA (2005), pp.3, 6, 11, 29、CRAによる再開発の仕組みは,フルトン,ウィリアム (1994), pp.245-262を参照。

（表4-1）。実際には，建設時から利用できる免税債は2001年からミックス・インカム住宅開発に利用されており，2001年 M10（Lofts at the Security Building）にファンドを支給している。表4-2から開発費用に占める免税債の割合は建設時では46.9%から100%，表4-4から開発費用に占める建設費用の割合は最も低い M7（Santee Court）の45%から最も高い M8（Met Lofts）の59.2%となっている。さらに表4-1の主要なファンド額と表4-4の建設費用を比較すると，M10を除く M7，M8，M11（Hikari），M12（Glo），M13（Belmont Station Apartments）の5件のミックス・インカム住宅で免税債のファンド額が建設費用を上回っていることが分かる。その結果，免税債がミックス・インカム住宅の開発費用の中で大きな割合を占める建設費用をまかなうファンドとなっていると言える。

次に低所得者用住宅税額控除（LIHTC）について，表4-1をみると9% LIHTC を利用しているミックス・インカム住宅は2件しかない。これは9% LIHTC が免税債と同様に点数制であるが，免税債と異なり9% LIHTC にはミックス・インカム住宅枠がないことに起因する。[10] そのためアフォーダブル住戸数の多い方が点数が高くなり，アフォーダブル住戸数の少ないミックス・インカム住宅は9% LIHTC を獲得するのが難しい。[11] そのため調査対象地域のミックス・インカム住宅の事例ではアフォーダブル住戸の割合が大きい M14（Meera Town Homes），M15（The Yankee Hotel）だけが9% LIHTC を獲得したことが分かる。表4-3によると，M14，M15の場合，投資者持分（investor equity）から算定された[12]割当金額が開発費用の大部分（M14：83.2%，M15：91%）

---

10) CTCAC（1993），pp.21-30，CDLAC（2008），pp.28-34，岡田徹太郎（2001）参照。

11) Lester, Margot Carmichael（2003）によると9% LIHTC が割り当てられる可能性は約25%である。

表4-2 ミックスト・インカム住宅におけるファンドの内訳 (1)

(単位:ドル)

ファンド源 プロジェクト		免税債 (%)	LIHTC (%)	直接・間接公的ファンド	課税債券	開発業者持分	長期ローンへの繰延費用	ブリッジローン	その他	合計
Santee Court (M7)		30,000,000 (74.9)	753,500 (1.9)	1,400,000	2,550,000	3,994,764	-	-	2,738,556	40,036,819
Met Lofts (M8)	C	53,000,000 (75.8)	0 (0.0)	3,000,000	-	13,948,732	-	-	-	69,948,732
	P	59,000,000 (84.3)	3,103,465 (4.4)	3,000,000	-	4,845,267	-	-	-	69,948,732
Lofts at the Security Building (M10)	C	18,500,000 (46.9)	0 (0.0)	4,000,000	285,420	0	2,500,000	11,152,077	3,000,000	39,437,497
	P	18,500,000 (46.9)	8,514,263 (21.6)	4,000,000	4,544,838	878,396	0	0	3,000,000	39,437,497
Hikari (M11)	C	29,628,569 (100.0)	-	-	0	-	-	-	-	29,628,569
	P	26,665,712 (90.0)	-	-	2,962,857	-	-	-	-	29,628,569
Glo (M12)	C	47,500,000 (84.2)	2,647,006 (4.7)	-	-	6,252,994	-	-	-	56,400,000
	P	47,500,000 (84.2)	2,647,006 (4.7)	-	-	6,252,994	-	-	-	56,400,000
Belmont Station Apartments (M13)	C	47,000,000 (83.8)	2,181,000 (3.9)	-	0	5,468,000	1,454,000	-	-	56,103,000
	P	47,000,000 (83.8)	3,635,000 (6.5)	-	0	5,468,000	0	-	-	56,103,000

出所: CDLAC (2002, 2003a, 2003b, 2004, 2006a, 2006b) から筆者が作成。

注: 1) C 建設時 (Construction), P 長期 (Permanent), LIHTC 低所得者用住宅税額控除
2) Santee Court 商業部分の開発のための550万ドルを含む。

第1節 ロサンゼルス市のミックスト・インカム住宅

表 4-3 ミックスト・インカム住宅におけるファンドの内訳（2）

Meera Town Homes（M14）（注1）　　　　　　　　　　　　　（単位：ドル）

プロジェクト ファンド源	建設時	長期
Wilshire State Bank	1,516,378	-
California Bank & Trust	-	306,429
ロサンゼルス市 HOME	454,503	635,361
土地の寄付金	73,500	73,500
繰延開発業者報酬	424,190	211,376
投資者持分	1,026,881	2,268,786
合計	3,495,452	3,495,452

The Yankee Hotel（M15）（注2）　　　　　　　　　　　　　（単位：ドル）

プロジェクト ファンド源	建設時	長期
Union Bank	4,000,000	-
ロサンゼルス市 HOME	1,100,000	1,100,000
ロサンゼルス市 HTF（注3）	919,320	919,320
FHLB-AHP（注3）	320,000	320,000
ロサンゼルス郡	-	1,240,000
繰延費用と報酬	133,546	-
投資者持分	3,922,845	6,816,391
合計	10,395,711	10,395,711

出所： CTCAC（2003），CTCAC（2000）から筆者が作成。
注： 1）この表から，9％LIHTC 連邦2,908,700ドル（83.2％）が割り当てられた。
注： 2）この表から，9％LIHTC 連邦6,906,170ドル（66.4％）州2,557,841ドル（24.6％），計9,464,011ドル（91％）が割り当てられた。
注： 3）表中のHTFはロサンゼルス市のアフォーダブル住宅信託基金（Affordable Housing Trust Fund）と思われる。FHLB-AHPは政府支援期間である連邦住宅貸付銀行（Federal Home Loan Banks）のアフォーダブル住宅プログラム（Affordable Housing Program）を意味する。

表4-4 ミックスト・インカム住宅における開発費用の内訳

(単位:ドル)

ファンドの用途 \ プロジェクト	Santee Court (M7)	Met Lofts (M8)	Lofts at the Security Building (M10)	Hikari (M11)	Glo (M12)	Belmont Station Apartments (M13)
土地取得費用	9,953,240	3,000,000	4,892,500	3,270,015	12,000,000	8,117,500
現場と現場外費用	126,500	2,254,677	500,000	1,100,000	-	1,943,802
建設費用(ハード) %	18,003,295 45.0%	41,398,122 59.2%	20,277,822 51.4%	14,211,439 48.0%	32,500,000 57.6%	29,917,567 53.3%
建築士と技術者への報酬	932,015	3,182,436	1,765,000	1,815,960	500,000	1,345,000
請負業者諸経費と利益	764,629	6,224,528	1,264,873	1,837,373	825,000	2,244,558
開発業者報酬	3,665,000	3,090,000	2,500,000	1,000,000	1,692,000	2,500,000
発行費	725,170	1,583,336	2,184,228	300,370	4,470,082	1,730,000
資産計上利子	1,848,472	2,152,021	5,449,112	1,617,000	356,250	2,695,000
その他費用(ソフト)	4,743,669	7,063,612	603,962	4,476,412	4,056,668	5,609,573
合計	40,036,819	69,948,732	39,437,497	29,628,569	56,400,000	56,103,000

出所: CDLAC (2002, 2003a, 2003b, 2004, 2006a, 2006b) から筆者が作成。
注: Santee Court 商業部分の開発のための5,500,000ドルを含む。

を占めている。また表 4-1 をみると 4 % LIHTC を利用しているミックスト・インカム住宅は 5 件ある。免税債が割り当てられたすべてのミックスト・インカム住宅は申請すれば無条件で 4 % LIHTC を受けられるため，免税債を利用する多くのミックスト・インカム住宅で 4 % LIHTC が使われている。表 4-2 からはミックスト・インカム住宅開発事業のファンド全体における 4 % LIHTC の割合は1.9%から21.6%（長期）となり，免税債と比べて少額であることが分かる。また M11は免税債が割り当てられたにもかかわらず 4 % LIHTC を利用していない。これはファンド全体における免税債の割合が建設時に100%であったため，4 % LIHTC を利用する必要がなかったものと思われる（表 4-2）。

　CRA ローンについては，1980年代から1990年代にかけて建設されたほとんどすべてのミックスト・インカム住宅が利用していたが，2004年以降ほとんど利用されていないことが分かる（表 4-1）。これは CRA ローンによる融資金額が免税債に比べて少額であること（表 4-1），また CRA ローンが必ずしも低利率であるとは限らないことによると考えられる[13]。そのため免税債を利用する方が資金調達の面で有利であり，調査対象地域におけるミックスト・インカム住宅の主なファンドは CRA ローンから免税債へと移行していると言える。

2　アフォーダブル住戸比率と所得制限

　調査対象地域におけるミックスト・インカム住宅の総住戸に対するアフォーダブル住戸の比率（以下，アフォーダブル住戸比率）を調査した。ミックスト・インカム住宅が利用しているファンドの適用条件としてアフォーダブル住戸比率が決められている。そこで住戸数に基づく実際の

---

12) CTCAC（2003），p.3；CTCAC（2000），p.3．
13) Dave Neubecker, CRA の電子メール（2008.7.24）による．

アフォーダブル住戸比率とファンドの適用条件で決められているアフォーダブル住戸比率を調査し，利用するファンドの変化が与えるアフォーダブル住戸比率への影響を考察したのである。その結果，調査対象地域におけるミックスト・インカム住宅のアフォーダブル住戸比率は15％，20％，50％，70％以上の４つに分類できた。表４-１にまとめたが，アフォーダブル住戸比率が20％のミックスト・インカム住宅が最も多く，主要なファンドがCRAローンから免税債に転換するのに伴い，アフォーダブル住戸比率が15％から20％へと変化していることが分かった。

CRAローンの適用条件

CRAローンの適用条件は以下の通り。
（１）再開発計画地域内の新築・修復された住戸の少なくとも15％は低所得又は中所得世帯向けでなければならないと規定されている。[14]
（２）光熱費を含む家賃は，低所得世帯では，住戸により家族人数で調整された地域所得中位値（Area Median Income：以下AMI）の60％の所得の30％と規定されている。またAMIの60％を超える所得のある低所得世帯では，世帯の総所得の30％を超えない水準で定められる。中所得世帯では，住戸により家族人数で調整されたAMIの110％の所得の30％と規定されている。またAMIの110％を超える所得のある中所得世帯では，世帯の総所得の30％を超えない水準で定められる。[15]

---

14) 超低所得　very low-income，低所得　low-income，中所得　moderate-income
15) CRA（2005），pp.4, 13, CRA（2005），pp.7-8によると超低所得とは31〜50％のAMI（地域所得中位値），低所得とは51〜80％のAMI，中所得とは81〜120％のAMIと定められている。

免税債の適用条件

免税債の適用条件は以下の通り。
（1）全戸数の内，少なくとも10％を総所得がAMIの50％以下の世帯に提供しなければならない。
（2）家賃は，市場調査によって明らかにされた比較可能な市場価格住戸の家賃より少なくとも10％低価格でなければならない。[16)]

低所得者用住宅税額控除（LIHTC）の適用条件

低所得者用住宅税額控除の適用条件は以下の通り。
（1）全戸数の内，少なくとも20％をAMIの50％以下の世帯に，あるいは40％をAMIの60％以下の世帯に提供しなければならない。
（2）光熱費を含む家賃を（1）で定めた世帯の所得制限の30％以内にしなければならない。[17)]

　アフォーダブル住戸比率が15％のミックスト・インカム住宅のファンドは，CRAローン単独利用，または免税債とCRAローンの併用となっている（表4-1）。免税債とCRAローンの適用条件を比較すると，所得制限は免税債の方が厳しいが，アフォーダブル住戸比率はCRAローンの方が厳しい。実際，表4-1を見ると，このアフォーダブル住戸比率のミックスト・インカム住宅はすべてCRAローンの適用条件に従っていることが分かる。

　アフォーダブル住戸比率が20％のミックスト・インカム住宅のファンドは，主に免税債と4％LIHTCを併用している（表4-1）。免税債と4％LIHTCを併用しているミックスト・インカム住宅は，条件の厳しい低所得者用住宅税額控除の適用条件に従っている。また免税債ではア

---

16) CDLAC (2008), p.26.
17) Title 26 (Internal Revenue Code) (2008 参照).

フォーダブル住戸比率が高い場合加点されるため，M11のように免税債のみの適用の場合も低所得者用住宅税額控除の適用条件が考慮されている[18]。そのためアフォーダブル住戸比率が20％のミックスト・インカム住宅の多くは所得制限がAMIの50％となっており，低所得者用住宅税額控除の適用条件を満たすように設定されている。このことからアフォーダブル住戸比率が15％と20％の場合，ファンドの適用条件がアフォーダブル住戸比率と所得制限の決定に影響を与えていることが分かる。

アフォーダブル住戸比率が50％のミックスト・インカム住宅はCRAローンを利用し，適用条件が15％であることを考慮すると特にアフォーダブル住戸比率が高い。CRAにその理由を聞いたが，彼らにも理由は分からなかった[19]。

アフォーダブル住戸比率が70％以上のミックスト・インカム住宅は，主に9％LIHTCから資金を得ている（表4-1）。M14, M15は，他と異なり市場価格住戸が少ないミックスト・インカム住宅である。そのため，M14の所得制限は35％，50％のAMIであり，他のミックスト・インカム住宅に比べて低い所得層を対象としていることが分かった。

ミックスト・インカム住宅における所得制限別アフォーダブル住戸数は，CRAの基準によると超低所得層向けが46.8％，低所得層向けが47.3％でほぼ同数となった（表4-5）。しかし，ミックスト・インカム住宅のファンドがCRAローンから免税債に転換するに伴い，所得制限が低所得向け（51〜80％ AMI）から超低所得向け（31〜50％ AMI）のアフォーダブル住戸へと移行していることが分かった[20]（表4-1, 4-5）。

---

18) CDLAC (2003a), p.4.
19) Dave Neubecker, CRAの電子メール（2008.7.25）による。
20) CRA（2007）によると2007年時点の2人家族の場合，超低所得とは世帯の年収が1万7,751ドルから2万9,600ドル，低所得とは世帯の年収が2万9,601ドルから4万7,350ドルを指す。

表 4-5 ミックスト・インカム住宅における所得制限別アフォーダブル住戸数

プロジェクト	完成年	超低所得 31〜50% AMI	低所得 51〜80% AMI	中所得 81〜120% AMI
Promenade Towers Apartments (M1)	1986		86	
Grand Tower Apartments (M2)	1988		56	
The Met (M3)	1989		42	
Renaissance Tower Apartments (M4)	1994		19	10
Grand Central Square Apartments (M5)	1995	25	12	24
Meera Town Homes (M14)	2002	16		
The Gas Company Lofts (M6)	2004	26	27	
Santee Court (M7)	2004		33	
Met Lofts (M8)	2005	53		
Lofts at the Security Building (M10)	2006	31		
Hikari (M11)	2006	26		
Glo (M12)	2007	41		
Belmont Station Apartments (M13)	2008	54		
合計 (%)		272 (46.8)	275 (47.3)	34 (5.9)

出所： CDLAC (2003b, 2004), CRA (2008 参照), CTCAC (2000), Grand Tower and Promenade Towers info (1994), Hikari info (2008 参照) から筆者が作成。M9, M15の内訳は不明。Santee Court の所得制限の食い違いに対してCRAから適切な回答は得られなかったが, 本表ではデータの新しさを考慮しCRAのデータを使用した。

31〜50% AMI は超低所得層[21]を指すが, ミックスト・インカム住宅の入

---

21) Rysman, Molly (2005), p.22.

居者は単に所得の低い人々を対象にしており，ホームレス等の社会的弱者を対象にしているNPOによるアフォーダブル住宅の入居者とは明らかに異なっている。そのため近年の家賃上昇に伴い，31〜50% AMIの超低所得層の内NPOのアフォーダブル住宅には入居しない人々の家賃負担が極端に増加しており，市はミックスト・インカム住宅がこの所得層をサポートすることを期待している[22]。

　調査対象地域にはSRHT，SROHC等のCDCによって建設されたアフォーダブル住宅が数多くある（図4-2）。これらの入居条件は物件ごとに異なるが，AMI50%以下や40%以下の所得者，ホームレス等が対象となっている[23]。

3　契約期限

　ファンドの適用条件として設定されたアフォーダブル住戸に対する契約期限について，1995年以前は20年から45年の所得及び家賃制限の期限が設定されていたのに対し，2004年以降はすべて55年となっている（表4-1）。現在CRAローンの場合，最低期限が30年と設定されているが，CRAは一般的に55年を要求すると定めている[24]。また免税債の場合，期限は30年間または債券を完全に返済した時までと決められている[25]。しかし免税債では30年を超える分は5年ごとに加点されるので[26]，多くのミッ

---

22) City of Los Angeles, Department of City Planning（2002）によると，2006年以降の住宅政策に関して住宅エレメント草案（Draft of Housing Element）の中で，市はミックスト・インカム住宅によるコミュニティの形成を実行することを表明した。
23) ロサンゼルス市のNPOの1つであるSRHT Website（2010-4 参照）を参照。
24) CRA（2005），p.14.
25) CDLAC（2008），p.26.

図 4-2　調査対象地域のミックスト・インカム住宅とアフォーダブル住宅（2007年）

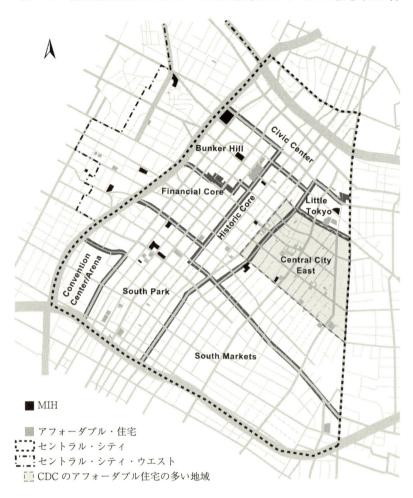

■ MIH
■ アフォーダブル・住宅
⬚ セントラル・シティ
⬚ セントラル・シティ・ウエスト
⬚ CDCのアフォーダブル住宅の多い地域

出所：　図 3-2 参照。

クスト・インカム住宅は点数を増やすために期限を最大の55年に設定している。これらの期限設定は，継続するアフォーダブル住宅の期限切れ問題の対応策として有効になっている。

4　ま　と　め

これまでの分析を通じて明らかになったことは以下の通りである。
（1）2007年調査対象地域のミックスト・インカム住宅は15件あり，14件が営利開発業者による民間開発だった。
（2）1980年代に免税債がミックスト・インカム住宅開発に利用されたが，継続されなかった。しかし2001年から再び利用され始め，免税債を利用したミックスト・インカム住宅開発が主流となった。それ以降ミックスト・インカム住宅のファンドがCRAローンから免税債へ変化した。
（3）免税債はミックスト・インカム住宅の開発費用の中で最も大きな割合を占める建設費用をまかなう重要なファンドとなった。
（4）アフォーダブル住戸比率，所得制限はファンドの適用条件に影響され，利用されるファンドがCRAローンから免税債と4％LIHTCへと転換した。それに伴ってアフォーダブル住戸比率と所得制限の主流はそれぞれ15％から20％へ，低所得層，中所得層から超低所得層へ移行した。
（5）アフォーダブル住宅の期限切れ問題は今後も継続する問題となるため，2004年以降のミックスト・インカム住宅がアフォーダブル住戸を供給する期限は55年とできるだけ長く設定された。

連邦政府による免税債が利用しやすくなったことにより，かつて難し

---

26) CDLAC (2008), p.29.

かった開発資金の調達が容易になったことが民間営利開発業者の参入を促した。またファンドの適用条件は調査対象地域のミックスト・インカム住宅事例のアフォーダブル住戸比率，所得制限，契約期限に影響を与え，アフォーダブル住戸比率が15％から20％へ，所得制限が低所得層，中所得層から超低所得層へ，契約期限が20～40年から55年へ移行するなど，アフォーダブル住宅不足の軽減に貢献している。

　このように民間営利開発業者によるミックスト・インカム住宅開発事業は，ファンド等を有効に利用し，開発費用の負担を軽減することで，単独のアフォーダブル住宅開発よりも容易に，アフォーダブル住戸を組み込んだ住宅を開発することができる。

第2節

ミックスト・インカム住宅の
アフォーダブル住戸供給手法としての可能性

　本節では，ミックスト・インカム住宅と市場価格住宅やアフォーダブル住宅の立地を比較することにより，ミックスト・インカム住宅の立地の地理的傾向を明らかにする。そして建物評価額の比較と現地調査により，主に建物の資産価値，居住環境，維持管理からミックスト・インカム住宅のアフォーダブル住戸供給手法としての可能性を考察する。

1 立　　地

　アフォーダブル住宅の立地を図4-3に表した。M1～M15は，調査対象地域の2007年時点におけるミックスト・インカム住宅（表4-1参照），1～20は1999年以降建設された市場価格住宅を示す。図4-3からは，ミックスト・インカム住宅はセントラル・シティにおいて市場価格住宅の多い地区，ヒストリック・コア（Historic Core）とサウス・パーク（South Park）に多く位置していることが分かる。これは市場価格住戸比率が高いミックスト・インカム住宅の場合，アフォーダブル住宅の需要よりも市場価格住宅の需要に大きく依存しているため，市場価格住宅の需要の大きい地域に多く建設される傾向があるからである。セントラル・シティ・ウエストは，アフォーダブル住宅が多い地域であるが，セントラル・シティに隣接しているため1999年以降市場価格住宅の需要が大きくなり，セントラル・シティと同様に市場価格住宅とミックスト・インカム住宅が共存している。しかし，ミックスト・インカム住宅

図 4-3 調査対象地域の賃貸集合住宅（2007年）

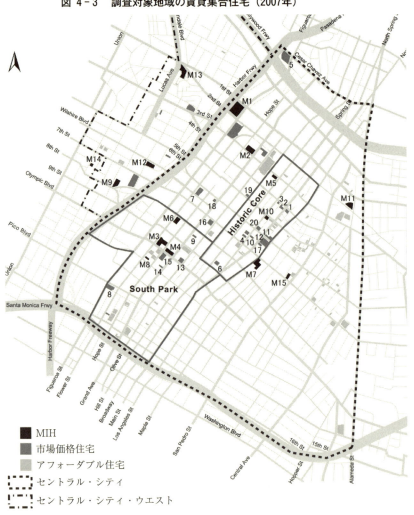

出所： 図3-2参照。
注： 図中の番号は表4-1の番号に対応する。

の中でアフォーダブル住戸比率が高い M14（Meera Town Homes）と M15（The Yankee Hotel）は，市場価格住宅の多い地域ではなくアフォーダブル住宅の多い地域に位置しており，ミックスト・インカム住宅の立地はアフォーダブル住戸比率と関連がある。

調査対象地域では，市場価格住戸の多いミックスト・インカム住宅が特定の地域に集まって建設されることはなく，市場価格住宅の多い場所で開発が行われている。そのため貧困の集中が起こりにくく，低所得層から高所得層までがミックスト・インカム住宅建物内だけでなく，地理的にも混在して住むという状況が起こっていることが分かる。

2　建物評価額

調査対象地域におけるミックスト・インカム住宅と市場価格住宅の建物評価額（表4-6，4-7）を比較することによって，ミックスト・インカム住宅の建物の資産価値を分析したい。この建物評価額によって，ミックスト・インカム住宅のアフォーダブル住戸ストックとしての価値を精査し，ミックスト・インカム住宅のアフォーダブル住宅供給手法としての可能性を検討する。

カリフォルニア州では1978年6月6日，固定資産税の大幅減税と増税の規制に関する憲法修正を求める住民発案，提案13号（Proposition 13）が住民投票により成立した。これにより土地・建物の評価額は1975年3月1日の評価額を基準として，毎年の上昇率を2％かつ消費者物価上昇率の範囲内とすること，そして1975年3月1日以降，所有者の変更，建物が新築または増築された場合には評価機関が評価した時価（1月1日現在の市場価値）[27]によって評価が見直されることになった。[28]そのため，ロサンゼルス市の評価額は必ずしも市場価値と一致しない。しかしアダプティブ・リユース条例が施行された1999年以降，ロサンゼルス市の特

表 4-6　ミックスト・インカム住宅の建物評価額（1999年以降）

No.	プロジェクト	完成年	総住戸数 (AH住戸数)	記録日	建物評価額 (IAV) （ドル）	床面積 (Sq.Ft.)	IAV/ Sq.Ft. （ドル）	IAV/ 住戸 （ドル）
	ミックスト・ インカム住宅							
M6	The Gas Company Lofts	2004	251(53)	02/10/2005	16,150,000	225,830	71.51	64,343
M7	Santee Court	2004	165(33)	07/18/2005	13,466,560	199,879	67.37	81,616
M8	Met Lofts	2005	264(53)	06/28/2005	40,542,347	269,786	150.28	153,569
M9	The Flat	2005	205(30)	07/23/2004	5,930,280	144,536	41.03	28,928
M10	Lofts at the Security Building	2006	153(31)	06/25/2002	9,126,412	214,867	42.47	59,650
M11	Hikari	2006	128(26)	12/17/2003	21,800,660	124,800	174.68	170,318
M12	Glo	2007	108 + (40) 93	10/19/2004	19,507,800	134,666	144.86	180,628
				10/19/2004	24,001,109	115,301	208.16	258,076
M14	Meera Town Homes	2002	21(16)	01/06/1999	2,956,245	27,816	106.28	140,774
M15	The Yankee Hotel	2005	80(56)	02/19/2004	3,529,722	46,846	75.35	44,122
				平均値			108.20	118,202

出所：　CDLAC Website（2008-6参照），CRA（2008），CTCAC（2008参照），DCBID（2007b），HUD Website（2008-3参照），LAHD（2007b），SRHT Website（2008-3参照），SROHC Website（2008-3参照）から筆者が作成。記録日（recording date），建物評価額（improvement assessed value），建物の床面積（square footage）は，Los Angeles County Assessor's Website（2008-3参照）を参照。M6は床面積が不明だったため，DCBID（2007b）を参照した。
注：　表4-6，4-7では，記録日が1999年以降の建物評価額を記載した。

にセントラル・シティとその周辺で集合住宅の建設ラッシュが始まり，それに伴って多くの土地・建物の評価額が見直された。そのため市場価

---

27) U.S. Census Bureau（2002），"Table 434 Residential Property Tax Rates for Largest City in Each State：2000"は評価額が市場価値の100%であることを示す。
28) 2002年米国財産税調査グループ（2003），pp.52-59。

表 4-7 市場価格住宅の建物評価額（1999年以降）

No.	プロジェクト	完成年	総住戸数(AH住戸数)	記録日	建物評価額(IAV)（ドル）	床面積(Sq.Ft.)	IAV/Sq.Ft.（ドル）	IAV/住戸（ドル）
	市場価格住宅							
1	San Fernando Building	2000	70(0)	12/29/1999	2,190,974	131,161	16.70	31,300
2	Hellman Building	2000	104(0)	01/07/2000	554,693	92,028	6.03	5,334
3	Continental Building	2001	56(0)	12/29/1999	1,808,770	77,032	23.48	32,299
4	Spring Tower Lofts	2001	38(0)	03/21/2000	1,165,472	121,274	9.61	30,670
5	The Orsini (PhaseI)	2003	296(0)	01/29/2001	48,815,568	358,305	136.24	164,917
6	Orpheum Lofts	2003	37(0)	02/01/2002	4,864,464	98,096	49.59	131,472
7	Pegasus	2003	322(0)	08/05/2002	34,440,000	483,140	71.28	106,957
8	City Lights on Fig	2004	100(0)	09/02/1999	14,323,637	92,849	154.27	143,236
9	South Park Lofts	2004	56(0)	08/09/2002	4,109,533	58,686	70.03	73,385
10	City Lofts	2004	36(0)	09/24/2003	2,783,630	45,396	61.32	77,323
11	Santa Fe Lofts	2005	135(0)	05/23/2003	9,845,480	213,560	46.10	72,929
12	Pacific Electric Lofts	2005	314(0)	01/16/2004	14,040,529	388,144	36.17	44,715
13	Reserve Lofts	2005	79(0)	02/09/2004	29,658,280	126,769	233.96	375,421
14	1043 South Grand	2005	9(0)	01/03/2006	23,400	7,500	3.12	2,600
15	Packard Lofts	2006	116(0)	10/28/2003	568,679	156,890	3.62	4,902
16	Mandel Lofts	2007	55(0)	03/04/2003	7,951,338	147,916	53.76	144,570
17	Main Mercantile Building	2007	36(0)	03/11/2003	3,505,874	76,045	46.10	97,385
18	Milano Lofts	2007	94(0)	04/01/2005	14,198,360	131,433	108.03	151,046
19	Title Guarantee Building	2007	74(0)	10/14/2005	5,004,324	111,113	45.04	67,626
20	SB Lofts	2007	184(0)	12/06/2005	8,420,205	188,394	44.69	45,762
						平均値	60.96	90,192

出所： 表4-6と同じ。

注： 表4-6, 4-7では, 記録日が1999年以降の建物評価額を記載した。

値に近いものに更新された[29]ミックスト・インカム住宅と市場価格住宅の建物評価額を比較することによって，ミックスト・インカム住宅の市場価値を相対的に知ることができると考えた。

そこで記録日（recording date）が1999年以降のミックスト・インカム住宅と，市場価格住宅を単位床面積当たりの建物評価額と，単位住戸当たりの建物評価額それぞれの平均値によって比較した。単位床面積に加え，単位住戸当たりの建物評価額も指標に加えたのは，単位住戸当たりの比較は住戸の面積が影響を及ぼすため，ミックスト・インカム住宅の住戸が極端に小さい場合は住戸数が増え，単位床面積当たりの建物評価額が高くても単位住戸当たりの建物評価額が低くなることが予想できるからである。

さらに単位床面積当たりの建物評価額と単位住戸当たりの建物評価額について総住戸数との関係，床面積との関係を図4-4，図4-5の散布図にて表した。

表4-6，4-7によると，単位床面積当たりの建物評価額の平均値，単位住戸当たりの建物評価額の平均値のどちらもミックスト・インカム住宅の方が高いことが分かる。図4-4は単位床面積当たりの建物評価額と床面積との関係，図4-5は単位住戸当たりの建物評価額と総住戸数との関係を表すが，これらの図によって更に詳細に見てみる。

図4-4ではミックスト・インカム住宅の床面積は大まかに10万平方フィート前後と20万平方フィート前後，市場価格住宅は大まかに10万平方フィート前後と40万平方フィート前後のそれぞれ2つにグルーピングができた。そして単位床面積当たりの建物評価額は10万平方フィート前後の市場価格住宅が4つのグループの中で最も低く，20万平方フィート

---

29) 宇田川璋仁（1981），pp.7-9．1978年前後の土地・建物評価額は再評価の時期によって不公平が生まれるが，換言すると本書のように近年再評価された評価額は市場価値との差が小さい。

図 4-4 単位床面積当たりの建物評価額と床面積との関係

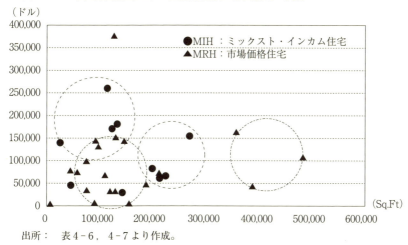

出所: 表4-6, 4-7より作成。

図 4-5 単位住戸当たりの建物評価額と総住戸数との関係

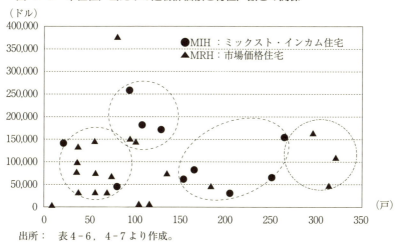

出所: 表4-6, 4-7より作成。

第2節 ミックスト・インカム住宅のアフォーダブル住戸供給手法としての可能性

前後のミックスト・インカム住宅と40万平方フィート前後の市場価格住宅が中程度，10万平方フィート前後のミックスト・インカム住宅が4つのグループの中で最も高いことが読み取れる。一方図4-5では，ミックスト・インカム住宅の総住戸数は大まかに100戸前後と200戸前後の2つにグルーピングできた。また市場価格住宅の総住戸数は，大まかに50戸前後と300戸前後の2つにグルーピングできた。そして単位住戸当たりの建物評価額は，総住戸数が100戸前後のミックスト・インカム住宅が4つのグループの中で最も高いことが読み取れる。このことから，単位住戸当たり，単位床面積当たりのそれぞれの建物評価額の平均値は全体的にミックスト・インカム住宅の方が高くなった。

　ミックスト・インカム住宅と市場価格住宅における建物評価額の平均値の差はミックスト・インカム住宅にアフォーダブル住戸が混在している影響であると考えられることから，ミックスト・インカム住宅における市場価格住戸とアフォーダブル住戸の混合は建物の資産価値に好影響を与えていると言える。またミックスト・インカム住宅の単位床面積当たりの建物評価額は床面積が10万平方フィート前後，単位住戸当たりの建物評価額は総住戸数が100戸前後で高くなっていた。これは住戸密度割り増しによる収益性の向上等の要因が考えられるが，資産価値の指標は複雑であり，1つの要因に絞ることが難しい。またこの要因を明らかにするにはより多くの事例が必要であるため，それについては今後の課題とする。いずれにせよ図4-4，図4-5からもミックスト・インカム住宅は市場価格住宅に劣らない建物の資産価値を持っていることが分かる。

　資産価値の高さは一般的に所有者である民間開発業者の利益に結びつく[30]。高い資産価値があることによって民間開発業者によるミックスト・インカム住宅開発がさらに促進されれば，ミックスト・インカム住宅内のアフォーダブル住戸数の増加につながり，アフォーダブル住宅不足の

問題に民間力を使って対処することができると思われる。

3　現地調査

筆者は2008年6月24日～7月2日，2009年7月9日～23日の2回，現地を訪問し，ミックスト・インカム住宅15件の現地調査とプロパティ・マネージャーからの聴き取り調査を行った。全15件における1階の主要出入り口はオートロック付きで，さらに警備員が常駐している事例もあり，安全性は保たれていた。維持管理についてもマネージャーが常駐し，アフォーダブル住戸，廊下などの共用部，付帯施設なども清潔に保たれていた。また多くのミックスト・インカム住宅はプール，フィットネス，入居者や訪問者が集うことができるラウンジやTVモニター付きの娯楽室等の付帯施設が充実していた。調査対象地域のほとんどのミックスト・インカム住宅は，アフォーダブル住戸が特定されないように建物内に分散配置され，市場価格住戸とほとんど変わらない内部仕上げ，設備となっている。そしてアフォーダブル住戸の入居者は，市場価格住戸の入居者と同様に付帯施設を使用できる。そのため家賃が市場価格住戸の30～50％に設定されたアフォーダブル住戸入居者にとって多くのメリットがあり，一度入居すると長期間賃借することが多い。このことからミックスト・インカム住宅におけるアフォーダブル住戸入居者の居住環境はかなり良いと言える。ただし，調査対象地域のほとんど全てのミックスト・インカム住宅はアフォーダブル住戸枠に対し，大変多くの入居応募があり，アフォーダブル住戸を賃借するためにはウェイティングリス

---

30) 渡辺卓美（1993），Ⅲ 土地利用規制，pp.463-465。この中で渡辺卓美は不動産価格の形成過程を示し，どのように開発利益が生まれるかを説明している。

31) CDLAC（2002, 2003a, 2003b, 2004, 2006a, 2006b）参照。

トに登録して通常2年以上待たなければならない状況となっている。

　調査対象地域のミックスト・インカム住宅であるM1～M13の市場価格住戸の家賃は安価ではない。現地のミックスト・インカム住宅にて収集した資料によると，2008年市場価格住戸の1か月の最低家賃は900～999ドルが1件，1,000～1,499ドルが5件，1,500～1,999ドルが7件と高額となっている。それにもかかわらず住宅不足を反映して市場価格住戸も人気が高く，空室は少なかった。

　一般的にアフォーダブル住宅が荒廃を連想させる悪いイメージを持っているため，民間開発業者は市場価格住宅にアフォーダブル住戸を組み込むことに抵抗感がある[32]。しかし実際は，ミックスト・インカム住宅では市場価格住宅並みに維持管理が良く，アフォーダブル住宅に起こりがちな荒廃などの問題は生じておらず，運営面でも問題は見られなかった。

　そのため現地調査では，市場価格住戸とアフォーダブル住戸が混合しているミックスト・インカム住宅のアフォーダブル住戸入居者の居住環境と維持管理は，アフォーダブル住宅単独の場合と比べてとても良く，ミックスト・インカム住宅の市場価格住戸とアフォーダブル住戸の混合は良好であると言える。

---

32) George, Evan（2007）.

写真 4-1　ミックスト・インカム住宅の付帯施設①
（筆者撮影）

M 4：Renaissance Tower Apartments　フロント

フロントデスクやセキュリティが常駐するフロント。

M 7：Santee Court　屋上ラウンジ

住人が自由に使える共用施設。

写真 4-2　ミックスト・インカム住宅の付帯施設②
（筆者撮影）

M3：The Met　コミュニティ・ラウンジ

住人同士の交流の場。

M11：Hikari　娯楽室

大型 TV スクリーンやゲーム機を装備した娯楽施設。

写真 4-3　ミックスト・インカム住宅の付帯施設③
（筆者撮影）

M2：Grand Tower Apartments　屋上プール

ジャグジー付きの共用プール。

M3：The Met　フィットネス

エアロバイクやルームランナーを装備したフィットネスクラブ。

写真 4-4　ミックスト・インカム住宅の付帯施設④
（筆者撮影）

M4：Renaissance Tower Apartments
　　　屋上プール

BBQ設備を備えたプールサイド。

M7：Santee Court　バスケットボール・コート

無料で使える屋上のバスケットボールコート。

写真 4-5　ミックスト・インカム住宅の住戸①
（筆者撮影）

M 3：The Met　1ベッド室

ダイニングスペースが広い1ベッド室。

M 4：Renaissance Tower Apartments　1ベッド室

高層アパートメントの1ベッド室。

写真 4-6　ミックスト・インカム住宅の住戸②
（筆者撮影）

M8：Met Lofts　1ベッド室

コンクリート打ち放しのロフト風1ベッド室。

M13：Belmont Station Apartments　1ベッド室

家具付きの1ベッド室。

写真 4-7　ミックスト・インカム住宅の住戸③
（筆者撮影）

M6：Gas Co Lofts　ロフト（スタジオ）

元ガス会社をアパートメントに改修したロフトスタイルのワンルーム。

M7：Santee Court　ロフト（スタジオ）

改修によって配管がむきだしとなっているロフトスタイルのワンルーム。

4　ま と め

これまでの分析を通じて明らかになったことは以下の通りである。
（1）ミックスト・インカム住宅の地理的位置はアフォーダブル住戸比率に影響し，市場価格住宅の多い場所はアフォーダブル住戸比率の低いミックスト・インカム住宅が位置していた。
（2）1999年以降建設されたミックスト・インカム住宅の建物評価額の平均値は，単位床面積と単位住戸当たりのいずれも市場価格住宅より高かった。
（3）床面積10万平方フィート前後，総住戸数100戸前後のミックスト・インカム住宅の単位住戸・単位床面積当たりの建物評価額は，市場価格住宅に比べ，やや高い傾向にあった。
（4）現地調査によると，ミックスト・インカム住宅におけるアフォーダブル住戸入居者の居住環境はかなり良かった。また入居状況，維持管理，運営の面からミックスト・インカム住宅の市場価格住戸とアフォーダブル住戸の混合は良好であった。

　ミックスト・インカム住宅のアフォーダブル住戸供給手法としての可能性は，異なる所得階層の混在，ミックスト・インカム住宅の建物の資産価値，アフォーダブル住戸入居者の居住環境，維持管理等に対して認められた。しかしミックスト・インカム住宅のアフォーダブル住戸入居待ちの状況を考慮するとミックスト・インカム住宅によるアフォーダブル住戸は需要に対して供給が少なく，更なるアフォーダビリティ問題の改善のために安定したミックスト・インカム住宅の開発が望まれる。

第3節

ミックスト・インカム住宅の建築計画

1 アフォーダブル住宅インセンティブ

　アメリカでは，1980年代に連邦政府が公共住宅の新規建設や大規模修復のための補助金を原則廃止し，低所得者向け住宅政策をセクション8[33]による家賃補助に転換したことが住宅需要を高めたが，アフォーダブル住宅の供給を民間市場に依存したため，結果的にアフォーダブル住宅のストックの減少を促し，アフォーダビリティを悪化させた[34]。その後，低所得者が多い地域で，住宅供給等によって低所得者を支援するNPOであるCDCのアフォーダブル住宅開発が活発化したが，CDCによるアフォーダブル住宅はホームレス等の超低所得層を対象としたものであるため，超低所得層よりも少し上の所得層である低中所得層向けのアフォーダブル住宅不足は依然，期限切れの問題もあり深刻化している。そのため市場価格住宅にアフォーダブル住戸を組み込むミックスト・インカム住宅は，セクション8による家賃補助に代わるアフォーダブル住戸供給手法として期待されている。しかしアフォーダブル住宅に対する大きな需要があっても，民間営利開発業者にとってアフォーダブル住宅開発は補助金なしでは採算の確保が難しく，事業として成立しにくい[35]。そのた

---

[33] 岡田徹太郎（2001）によると，制定当初のセクション8は低所得者向け住宅の供給を促進するために新規建設，住宅修復，家賃補助を含む総合的な施策であったが，1980年代のレーガン政権時に家賃補助中心の政策に転換された。

[34] 岡田徹太郎（2001）。

め民間営利開発業者によるアフォーダブル住戸を組み込んだミックスト・インカム住宅の開発を促進させるためには、公的な補助金に加え、事業採算性を高めるためのインセンティブ（規制緩和）が必要になると思われる。そこで調査対象地域のミックスト・インカム住宅が利用しているインセンティブを調査した。

　セントラル・シティでは、一般的に階数や高さ、容積率、住戸密度等は市の都市計画で定められ[36]、加えてそれらはロサンゼルス市コミュニティ再開発公社（CRA）の再開発計画により地域ごとに制限されている。CRAは、1948年にロサンゼルス市によって設立された公的機関であり、地域の活性化のために再開発を行い、アフォーダブル住宅の供給に努めてきた。セントラル・シティにおけるCRAの再開発計画地域は7つあり、本書に関連する再開発計画地域は、バンカー・ヒル（Bunker Hill）、セントラル・ビジネス地区（Central Business District）、シティ・センター（City Center）、リトル・トーキョー（Little Tokyo）で、それぞれの地域において再開発計画が採択されている[37]。一方、セントラル・シティ・ウエストでは市の都市計画の内容が特定計画（Specific Plan）によって是正される。特定計画は市民からの強い要望がある場合に、市や郡が特定の地区の問題に対処するために定められ、法的な見地ではゾーニング条例に近いと認識されている[38]。セントラル・シティ・ウエスト特定計画[39]では高さ、容積率、アフォーダブル住戸の付置義務、住戸の寝室数等が規定されている。しかしセントラル・シティ・ウエストは、CRAの再開発計画地域には含まれていない[40]。

35）同上、岡田徹太郎（2001）。
36）市のゾーニングについては、ZIMAS（2008参照）を参照した。
37）CRA Website（2008参照）を参照。本書に関連する再開発計画は、CRA（1967, 1970, 1975, 2002）を参照。
38）フルトン、ウィリアム／花木啓祐・藤井康幸訳（1994）。
39）City of Los Angeles（2005）.

表4-8を見ると調査対象地域のミックスト・インカム住宅の新築事例8件の内，6件において住戸密度（housing density）の割り増しが認められる。住戸密度とは密度ボーナス（Density Bonus）と呼ばれ，建物にアフォーダブル住戸を組み込む際に与えられるインセンティブである。1980年代に施行されたカリフォルニア州の密度ボーナス法（State Density Bonus Law）に加え，ロサンゼルス市では，アフォーダブル住宅のインセンティブとして規定の住戸数に対し25％の割り増しを認めるアフォーダブル住宅インセンティブ・プログラム（Affordable Housing Incentive Program, 1995年採択）があり，更に鉄道の駅や主要なバス停等に隣接している場合，規定の住戸数に対し35％の割り増しまで認める35％密度ボーナス条例（35％ Density Bonus Ordinance, 2003年採択）が追加されたのである。[41]

　また1件において，CRA再開発計画による容積率割増が認められた。しかし容積率割り増しはアフォーダブル住戸のために与えられるインセンティブではないことが分かった。[42]

　ロサンゼルス市で1999年に採択され，老朽化した建物を住宅に転用することを容易にしたアダプティブ・リユース条例は，インセンティブの1つとして住戸密度の上限を廃止したため，アダプティブ・リユース条例の適用事例は住戸密度の割増を行っていると思われるが，ミックスト・インカム住宅に特化したものではない。

---

40) CRA Website（2008参照）．
41) City of Los Angeles, Office of the Mayor（2009-10参照）．アフォーダブル住宅インセンティブ・プログラムは，5以上の住戸をもつ住宅に適用でき，アフォーダブル住戸を含むことによって規定の住戸数に対し25％の住戸割り増しのほかに駐車場台数の緩和が認められる。
42) CRA（1975），pp.24-26.

表 4-8 民間営利開発業者によるミックスト・インカム住宅

No	建物名	完成年 工事種別	階数	全住戸数（AH住戸数）	敷地面積 square feet (acre)	延床面積 square feet	法定容積率（％）	計画容積率（％）	法定住戸密度 ［戸/acre］	住戸上限	全住戸数/住戸上限（％）	住戸密度割り増しの有無
MN1	Promenade Towers Apartments	1986 新築	19	595 (89)	173,804 (3.99)	NA	1,300	NA	108	430	138	有
MN2	Grand Tower Apartments	1988 新築	27	391 (59)	59,677 (1.37)	682,553	1,300	1,144	217	297	132	有
MN3	The Met	1989 新築	14	270 (41)	73,181 (1.68)	457,855	600	626	217	364	74	無
MN4	Renaissance Tower Apartments	1994 新築	16	204 (31)	37,520 (0.861)	193,061	600	515	217	186	110	有
MN5	Met Lofts	2005 新築	7	264 (52)	50,920 (1.169)	276,710	600	543	217	253	104	有
MN6	Hikari	2006 新築	5	128 (26)	42,160 (0.968)	124,800	600	296	108	104	123	有
MN7	Glo	2007 新築	5 6	201 (40)	敷地1：35,370 (0.812) 敷地2：32,740 (0.752)	敷地1：211,758 敷地2：115,301	600	480（平均）	108	168	120	有
MN8	Belmont Station Apartments	2008 新築	5	275 (55)	104,980 (2.41)	273,614	750	261	217	522	53	無

出所： CDLAC Website（2008-6-6参照），CTCAC（2008参照），CRA（2008），DCBID参照），SROHC Website（2008-3参照）から筆者が作成．全住戸数とその内訳は，Los ty, Office of the Assessor（2008-3参照）．延床面積は，ロサンゼルス市建築安全部発参照））を参照．法定容積率，住戸密度は，ZIMAS（2008参照）と City of Los Ange-発計画は CRA（1967, 1970, 1975, 2002），を参照した．各事例の住棟平面型，基準階平の現地調査により入手し，各事例のウェブサイトにより補完した．

注： 1）AH：アフォーダブル住宅，PH：ペントハウス
  2）MN8 は，2007年時点では建設中だったが調査対象に含めた．

高さ制限	アフォーダブル住戸の規定	住棟平面型	基準階平面型	全体住戸タイプ内訳(PH除く) S:スタジオ 1B:1ベッド室 2B:2ベッド室 3B:3ベッド室 (%)	基準階住戸タイプ内訳 S:スタジオ 1B:1ベッド室 2B:2ベッド室 3B:3ベッド室 (%)	界壁	計画住戸密度/階数 [戸/acre階]
無制限	規定なし	囲み型(ロ字型)	中廊下型	S:100(17) 1B:261(44) 2B:234(39) 計:595(100)	NA	直線	7.8
無制限	規定なし	板状型	中廊下型	S: 72(18) 1B:262(67) 2B: 57(15) 計:391(100)	S: 4(23) 1B: 10(59) 2B: 3(18) 計: 17(100)	凸凹	10.6
規定なし	規定なし	板状型	中廊下型	S: 85(32) 1B: 71(26) 2B:114(42) 計:270(100)	S: 6(32) 1B: 4(21) 2B: 9(47) 計: 19(100)	直線	11.5
規定なし	規定なし	板状型	中廊下型	S: 61(30) 1B:108(53) 2B: 34(17) 計:203(100)	NA	NA	14.8
規定なし	規定なし	囲み型(コ字型)	中廊下型	S: 150(57) 1B: 25(9) 2B: 89(34) 計:264(100)	S: 21(57) 1B: 4(11%) 2B: 12(32) 計: 37(100)	凸凹	32.3
30階	・低中所得住戸付置義務 ・住戸の20%の低所得向け義務	囲み型(L字型)	中廊下型	S: 29(23) 1B: 59(46) 2B: 40(31) 計:128(100)	S: 6(23) 1B: 12(46) 2B: 8(31) 計: 26(100)	凸凹	26.4
海抜1,218feet (GL=410feet)	・低所得住戸付置義務 ・低所得住戸の30%は2B以上	囲み型(コ字型)	中廊下型	S: 4(2) 1B: 72(36) 2B:106(53) 3B: 19(9) 計:201(100)	S: 1(2) 1B: 15(36) 2B: 22(52) 3B: 4(10) 計: 42(100)	直線	25.7
海抜1,218feet (GL=337feet)	・低所得住戸付置義務 ・低所得住戸の30%は2B以上	囲み型(ロ字型)	回廊型	S: 30(11) 1B:108(40) 2B:135(49) 計:273(100)	S: 8(12) 1B: 26(39) 2B: 31(47) 他: 1(2) 計: 66(100)	直線	22.8

(2007b), HUD Website (2008-3参照), LAHD (2007b), SRHT Website (2008-3参 Angeles Downtown News (2006, 2008, 2009) を参照。敷地面積は, Los Angeles Coun- 行の建築許可申請書 (City of Los Angeles, Department of Building and Safety (2008-3 les (1989) から割り出した。併せて特定計画は City of Los Angeles (2005), CRA再開 面図, 住戸平面図は, 2008年6月24日～7月2日, 2009年7月9日～23日に行った2回

2 建築計画におけるインセンティブの影響

　インセンティブが建築計画にどのような影響を与えているのだろうか。ミックスト・インカム住宅の建築計画におけるアフォーダブル住宅政策の影響は，次の3点が想定できる。①住戸密度の割り増し等のインセンティブの影響，②アフォーダブル住宅開発のためのガイドラインの影響，③住棟内のアフォーダブル住戸配置の仕方。その中でインセンティブは，民間営利開発業者に対し経済的メリットを与え，民間営利開発業者によるミックスト・インカム住宅を促進するために最も影響が大きいと考えられることから，本章では①について調査・分析を行った。この住戸密度は日本にはない考え方で，敷地面積1エーカー（acre）当たりの住戸数の上限が決められており，単位住戸当たりの最小敷地面積で示されることもある。[43]

　住戸密度の割り増し等のインセンティブは，容積率を増やさずに住戸数を増やすため，建物の階数，基準階平面型，または間口狭小化等の住戸平面に影響を与えると考えられる。この影響を分析するためには，既存建物を再利用した事例は建物による制約が大きく，インセンティブの影響が建物条件によって変わることが予想できるため，計画段階からアフォーダブル住戸を組み込むことが想定されている新築事例を分析対象として取り上げることが適切であると思われる。そのためアダプティブ・リユース条例による住戸密度割り増しの適用事例は取り上げないこととする。

階数への影響

　調査対象地域内の建物の高さと階数の制限について調査し，各事例に

　43）用語の定義（p.v）を参照。

おける階数と容積率の関係を考察した。各事例は表4-8の通りMN1～8と表記する。そこでは、セントラル・シティにおける市の都市計画では建物の高さが制限されていなかった。またCRAの再開発計画では、リトル・トーキョー再開発計画により、MN6（Hikari）の階数は30階以下と定められていた。セントラル・シティ・ウエストでは、特定計画により建物の高さ制限が海抜1,218フィート（371m）であった。ちなみに地盤レベルはMN7（Glo）が410フィート（125m）、MN8（Belmont Station Apartments）が337フィート（103m）となっており、調査対象地域では建物の高さが都市計画の制約を受けることはなかった。

　表4-8を見ると、完成年が1994年以前と2005年以降では階数が大きく変化していることが分かる。1994年以前に竣工した新築事例では、MN1（Promenade Towers Apartments）、MN2（Grand Tower Apartments）の建設当時の都市計画による法定容積率はいずれも1,300％である[44]。この2事例には住戸密度を割り増しできる密度ボーナスが適用され、容積率の割り増しはないもののそれぞれ19階建て、27階建てとなっている。これらの事例は、法定容積率を考慮すると13階程度の階数による計画も可能であったと思われるが、実際は建物の階数を増やし、建物は中高層化されたことが分かった。ロサンゼルス市のダウンタウン・デザイン・ガイドライン[45]において階数は、6階までは低層（Low-rise）、7～20階までは中層（Mid-rise）、21階以上は高層（High-rise）と定義されている。またMN4（Renaissance Tower Apartments）の法定容積率は、CRA再開発計画による600％であった。そしてこの事例も密度ボーナスが適用され、16階建てとなっており、同様に建物が中層化された。

　44）City of Los Angeles（1989）によると、1989年に市のゾーニングが大きく変わった。竣工年からMN1、MN2は1989年以前のゾーニングに従ったと思われる。

　45）City of Los Angeles, Department of City Planning（2009）.

図4-6 調査対象地域のミックスト・インカム住宅

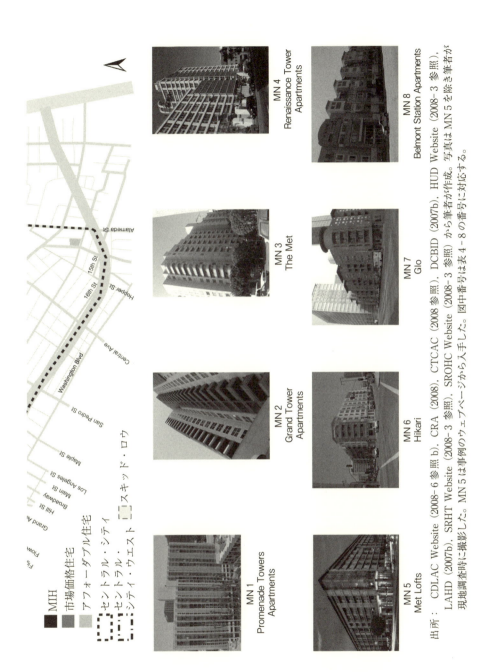

出所：CDLAC Website（2008-6 参照 b），CRA（2008），CTCAC（2008 参照），DCBID（2007b），HUD Website（2008-3 参照），LAHD（2007b），SRHT Website（2008-3 参照），SROHC Website（2008-3 参照）から筆者が作成。写真は MN 5 を除き筆者が現地調査時に撮影した。MN 5 は事例のウェブページから入手した。図中番号は表 4－8 の番号に対応する。

第 3 節　ミックスト・インカム住宅の建築計画　　157

容積率の割り増しはMN 3（The Met）において見られた。MN 3は法定容積率600％に対し，計画容積率626％，14階建てであった。この場合，容積率の割り増しが26％しかなく，階数増加の影響を見るには割り増しが小さすぎるが，法定容積率を考慮するとMN 4と同様に建物が中層化されたことが分かる。これらのことから，1994年以前のミックスト・インカム住宅は中高層化したことになる。

　一方，2005年以降に竣工した新築事例の建物は低中層化したことが分かった。表4-8を見ると，2005年以降に竣工した新築事例はMN 5（Met Lofts），MN 6，MN 7，MN 8の4件ある。MN 5とMN 6はセントラル・シティに位置し，法定容積率はいずれも600％である。そしていずれの事例も密度ボーナスが適用され，それぞれ7階建て，5階建てである。またMN 7とMN 8はセントラル・シティ・ウエストに位置し，法定容積率はそれぞれ600％と750％であった。そして密度ボーナスが適用され，それぞれ6階建てと5階建てである。一般的に民間営利開発業者の場合，計画建物の収益性を高めるために床面積をできるだけ大きく確保し，容積率を法定容積率まで消化することが多い。しかしMN 5～8の法定容積率が600％であるのに対し，計画された建物の容積率（以下，計画容積率）は261～543％となっており，法定容積率を消化していないことが分かる（表4-8）。そのため容積率を消化するために階数を増やし，より高層化することが可能であったにもかかわらず高層化しなかった。

　階数と建築面積は反比例の関係にあり，例えば法定容積率が600％で計画建物の建蔽率が100％に近い場合，最大で6階建てとなり，建蔽率が50％ならば，12階まで建てられることになる。住戸密度が割り増しされる場合，同時に容積率の割り増しがあれば階数を増やすことで割り増しされた住戸を配置できるが，容積率の割り増しがなければ建築面積を小さくしなければ階数を増やすことができない。加えて容積率の割り増

しが無い場合，住戸配置を効率化し，住戸割り増し分の専有部床面積を捻出しなければならない。一般的に階数が増えると共用部床面積が増加するため，住戸密度割り増しがあって容積率割り増しがない場合は専有部床面積を増やすために階数を増やして高層化するメリットがほとんどない。その結果2005年以降の事例では1994年以前に比べ，住戸配置の効率化が重視され，建物が中低層化したと思われる。一方1994年以前の事例では，2005年以降の事例に比べて，計画容積率が法定容積率に近いことが分かる（表4-8）。そのため階数を増やすことで延床面積は増えるものの，基準階の住戸配置に余裕が生まれるというメリットがあったと思われる。図4-7からMN3とMN5の基準階平面図を比較すると，住戸配置の効率化の程度が界壁の形状等から見てとれる。なお，中低層化による住戸配置の効率化は「界壁への影響」（p.162）において詳しく述べる。

　建築面積の代わりにミックスト・インカム住宅の新築事例の住棟平面型を見ると，1994年以前は板状型が3件あり，囲み型は1件しかなかったが，2005年以降，囲み型が4件すべてに使われたことが分かる（表4-8，図4-8）。現地調査によりこれらの囲み型事例は明らかに板状型事例より建蔽率が高く，密度ボーナスによって住戸密度が緩和されたミックスト・インカム住宅は2005年以降，囲み型を採用して階数を抑えたと言える。

基準階平面型への影響

　アメリカの住戸タイプは，一般的に1ベッド室（1 Bedroom），2ベッド室（2 Bedroom），3ベッド室（3 Bedroom）のように寝室の数で分類され，寝室が仕切られていない住戸はスタジオ（Studio）と呼ばれている。ミックスト・インカム住宅の新築事例の住戸タイプは，スタジオ，1ベッド室，2ベッド室，3ベッド室の4種類が見られた。そこで

図4-7 ミックスト・インカム住宅の基準階平面図

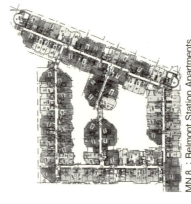

MN 8：Belmont Station Apartments
階数：5階
法定容積率：750%
計画容積率：261%
基準階住戸数：66戸

MN 6：Hikari
階数：5階
法定容積率：600%
計画容積率：296%
基準階住戸数：26戸

MN 5：Met Lofts
階数：7階
法定容積率：600%
計画容積率：543%
基準階住戸数：37戸

MN 3：The Met
階数：14階
法定容積率：600%
計画容積率：626%（容積率割増）
基準階住戸数：19戸

出所：基準階平面図は、2回の現地調査と各事例のウェブサイトから入手した。階数、容積率、基準階住戸数は表4-8を参照した。

図 4-8　住棟平面の類型化

類型	板状型	囲み型		
		ロ字型	コ字型	L字型
概念図	 ▬　◀	 ロ　田	 コ	 L

出所：　筆者作成。

　全体住戸タイプ内訳と基準階住戸タイプ内訳を比較すると，基準階の住戸タイプの比率が建物全体の住戸タイプの比率に近いことが分かる（表4-8）。加えて現地調査時のプロパティマネージャーへのインタビューから各階平面図が等しく計画されていることが多いことが分かった。そのため，基準階平面図によってインセンティブの影響を検討することにする。

　表4-8からミックスト・インカム住宅の新築事例は，中廊下型が主流であることが分かる。また計画容積率は法定容積率に対し余裕があるが，計画住戸密度は法定住戸密度の上限に達している事例が多いことが分かる。特にMN 6の場合は，密度ボーナスを使っても容積率が法定容積率の半分にも達していない。容積率に余裕があることは，建物を更に高層化できることを意味するが，MN 6の階数は低く抑えられている。このことから「階数への影響」で検討した通り，2005年以降のミックスト・インカム住宅は階数が低く抑えられているが，それは中廊下型によって割り増し住戸を含めた住戸が基準階に効率よく配置されたためであったと思われる。具体的に基準階の住戸数を見ると1994年以前の事例では17戸，19戸であったのに比べ，2005年以降の事例では26戸から66戸となり大幅に増加している（表4-8）。このことから2005年以降では基準階の住戸数を最大化することによって，できるだけ階数を抑えていることが分かる。そして基準階平面図を見ると基準階の住戸数が増加するに

従って，単純な中廊下型からL字やコの字に折れ曲がった中廊下型，さらに回廊状の中廊下型へと変化していることが分かる（図4-7）。一方，容積率の割り増しがあるMN3は計画容積率626％に対して14階建てとなっており，中廊下型の建物が中層化した事例である。基準階平面図によってMN3を，階数を低く抑え効率よく住戸を配置したMN5，MN6と比較するとMN3は廊下が短く，界壁が直線で計画されており，平面上の違いが見られる（図4-7）。

界壁への影響

調査対象地域のミックスト・インカム住宅では基準階平面型に中廊下型が採用され，特に2005年以降，建物の低層化に伴い，基準階に住戸が効率的に配置された。その結果，ミックスト・インカム住宅に特徴的な住戸平面が見られるようになった。ミックスト・インカム住宅は密度ボーナスの住戸割り増しにより，さらに多くの住戸を同一階に配置することが可能となり，その結果，住戸間口の狭小化を引き起こすことが予想できた。しかし実際に住戸平面を分析すると，単純に間口の狭小化が見られるのではなく，MN2，MN5，MN6において界壁が凸凹した住戸平面（以下，凸凹型平面）が見られることが分かった。

ロサンゼルス市の建物規定（Building Code）によると，部屋の床面積の少なくとも1/15の窓またはスカイライト面積が自然光を取り入れるために使用されなければならないと規定されている[47]。1住戸に複数の部屋がある場合はそれぞれの部屋に採光が必要となる。そのため採光の規定により，密度ボーナスの住戸割り増しによって住戸間口を狭小化するには限界があると思われる。

調査対象地域のミックスト・インカム住宅事例の基準階住戸タイプの

---

46) 回廊状の中廊下型を表4-8では回廊型とした。
47) City of Los Angeles（2009-9 参照），p.169.

内訳を調査すると，1ベッド室，2ベッド室の割合が比較的高いことが分かった（表4-8）。またセントラル・シティ・ウエストでは，特定計画により低所得者向けのアフォーダブル住戸の30％は2ベッド室またはそれ以上の寝室を持つ部屋にしなければならないと規定され，MN7，MN8が該当する。

　調査対象地域のミックスト・インカム住宅では，民間開発業者は住戸割り増しのため基準階により多くの住戸を計画することに加え，基準階に1ベッド室や2ベッド室等の多様な住戸タイプを配置することと，各寝室の採光のために住戸間口をある程度確保することが求められた。そこで民間開発業者は，MN5のように採光を確保しながら1ベッド室，2ベッド室などの寝室数の多い住戸とワンルームタイプのスタジオを組み合わせる等の工夫を行った。その結果，ミックスト・インカム住宅で凸凹型住戸が見られるようになった[48]。

　さらに詳細に住戸密度と階数の関係について見ると，計画建物の住戸密度が高く，階数が低いほど基準階に配置する住戸数が増えるため住戸配置の効率性が高くなると言える。これを比較するために，計画された住戸密度を階数で割った値（以下，計画住戸密度／階）を用いる。この値は敷地面積1エーカー当たりの基準階の住戸数を表し，住戸密度に階数の影響が反映される。これによって階数が少ない低層の建物で住戸密度が高い場合，この値が大きくなり，凸凹型界壁等によって住戸配置の効率性を高める必要がでてくると言える。表4-8から計画住戸密度／階の値が高い2事例の界壁が凸凹型であることが分かった。これによりMN5，MN6は計画住戸密度／階の値が高く，基準階に多くの住戸を配置するために凸凹型界壁を利用して住戸配置の効率性を高めたと言え

48）MN5については Mankar, Abhijeet D., Johnson Fain Architects の電子メール（2009.7），MN6については Cox, Thomas P., Thomas P. Cox Architects の電子メール（2009.6）による。

る。一方MN2は界壁が凸凹型であるが，計画住戸密度／階の値はあまり高くなかった。これについてMN2は，法定容積率1,300％に対し計画容積率が1,144％，階数が27階であり，住戸密度の割り増しが32％と大きかったため，基準階の効率性よりも住戸配置に余裕を持たせることを優先させ，高層化したと思われる。またMN7，MN8は，計画住戸密度／階の値が高いが凸凹型界壁ではなかったことは，基準階住戸タイプ内訳からスタジオの比率が極端に小さく，1ベッド室や2ベッド室とスタジオを組み合わせるメリットが生まれなかったことが一因として考えられる。そのため，住戸配置の効率性が低い場合にも界壁に凸凹型が見られるが，住戸配置の効率性が高く，多様な住戸タイプが基準階に配置されている場合，界壁は凸凹型になる可能性が高まるため，界壁の形状は基準階における住戸配置の効率性と多様な住戸タイプから影響を受けると言える。

　ここでは，民間営利開発業者によるミックスト・インカム住宅の新築事例8件の内6件において住戸密度の割り増しが認められた。また，2005年以降に建設された民間営利開発業者によるミックスト・インカム住宅は，インセンティブの影響により，高さを抑えた計画を行っていた。そして住棟平面型は囲み型で，基準階の住戸配置は中廊下型とした計画が多く，容積率の増加を抑えながら，多くの住戸が基準階に効率よく配置されている。さらにミックスト・インカム住宅は，密度ボーナスの住戸割り増しと住戸タイプの多様化により，異なる住戸タイプの住戸が同一階に多数配置された場合，界壁への影響として単純な住戸間口の狭小化ではなく，MN2，MN5，MN6のように界壁が凸凹した住戸平面（以下，凸凹型平面）が見られる。

　凸凹型平面は平面図レベルでは認識できるが，現地調査により実際に住戸内を訪れると，その住戸が凸凹型平面を持っているかどうかはほとんど分からないようになっていた。このことはミックスト・インカム住

宅が一般の市場価格住戸を総住戸数の約80％含んでいるため，設計者が計画段階から入念な建築計画を行いミックスト・インカム住宅の設計を行っていると思われる。また現地調査により，階数を抑えた囲み型住棟の計画は，棟の中央にプール等を備え，中庭が充実するなど，低中層化を生かした良好な居住環境を形成していた。また基準階における住戸配置の工夫が凸凹型住戸となり，これによって住戸平面のバリエーションが増加し，入居希望者が選択できる間取りの種類が増えている。

そのため，民間営利開発業者によるミックスト・インカム住宅開発に広く利用されている住戸密度割り増しというインセンティブが，住戸配置の効率化を促し，階数，基準階平面型，界壁に対し影響を与えていることが読み取れた。そして，それらの影響は居住環境に対し良い方向に働いているように見える。

第 5 章

これからの展望

本章では，移民や所得格差から生じる外国人や低所得層の増大によってアフォーダブル住宅不足が世界規模で深刻化することが予想される中，欧米主要国とともに新自由主義経済を推し進め，グローバリゼーションの影響を受けている国の1つである日本において，移民と所得格差がどのような住宅問題を引き起こしつつあるのかを明らかにする。そしてグローバリゼーションの影響下で世界共通化するアフォーダブル住宅不足問題に対し，民間主体のミックスト・インカム住宅開発によるアフォーダブル住戸供給手法の有用性について論じる。

　日本では2005年に人口が初めて減少に転じ，2016年には世帯数も減少に転じると予測されている。さらに2007年には65歳以上の人口が21％を超え，超高齢社会に突入した。そのような状況下で，労働力不足や福祉への財政支出の削減等が大きな課題となっている。これまでにも日本政府は労働力不足に対し移民の受け入れを緩和してきた。例えば，1990年にバブル経済による労働力不足から出入国管理及び難民認定法が改正され，日系3世まで就労資格が与えられたため，日系ブラジル人，日系ペルー人を中心に移民が増加した[1]。また2000年の日印グローバル・パートナーシップの締結により，インド人IT技術者の入国条件の緩和が行われ，インド人IT技術者の移民が増加した[2]。第1章，図1-8において見た通り，日本における外国人の割合は，1995年に1.1％，2007年に1.7％と，増加率は12年で約1.5倍だったが，今後も移民の数は増えていく

---

1) 厚生労働省（2004）。
2) 周飛帆・藤田秀央（2007）。

と考えられる。

　実際，日本における移民の数に関して稲葉佳子ほか[3]によると，日本の外国人登録者は2008年末で221万人を超え，その80％は1980年代以降に来日したニューカマーと呼ばれる外国人で，在留資格を有する人は全体の65.5％に上っている。また外国人の定住化，すなわち移民が増加するにつれ，民間賃貸住宅以外に，公営住宅や都市再生機構の賃貸住宅（UR賃貸住宅）に住む外国人が増えている。公営住宅に住む外国人は，1995年1万2,379世帯から2005年3万8,886世帯へ3倍以上の増加，UR賃貸住宅は1995年3,078世帯から2005年2万5,050世帯へ8倍以上の増加がみられ，外国人の公営・公的住宅への入居が急速に進んでいることが示された。

　さらに所得によって公的補助が受けられる公営・公的住宅には，移民だけでなく，景気低迷，高齢者の増加，所得格差等で所得が減った人々の入居希望も急増している。2008年における全国の住宅総数5,760万戸の内，公営住宅は218.4万戸あり，その割合は4％にも満たない。[4]国土交通省資料[5]によると2006年度の全国の公営住宅の募集戸数約9万7,000戸に対し約93万人が応募，その応募倍率は約9.6倍で，特に東京都では応募倍率が34.3倍と高倍率であった。また入居待ちは全国で83万人を超え，公営住宅に入居することは極めて難しいことが分かる。そのため年収200万円以下の低所得者（2009年平均年間給与406万円の50％以下）が2005年の981万人から2009年の1,099万人に増加しているにもかかわらず[6]，437万世帯にものぼる年収200万円以下の低所得者世帯の内，公営住宅に入居している低所得者世帯は97万世帯にとどまり，残りの340万世帯は

3）稲葉佳子ほか（2010）。
4）国土交通省住宅局ほか編集（2009）。
5）国土交通省（2008）。
6）国税庁（2010）。

民間借家に入居せざるを得ない状況となっている[7]。しかし日本では効果的な低所得者向け住宅政策があまりなく、財政支出の削減で新規に公的住宅を建設するのも難しいため、政府や地方自治体はこの状況に対応できていない。以上のことから、移民や所得格差の問題から今後深刻化すると思われるアフォーダブル住宅不足問題に対し、所得に応じた適正家賃で入居できるアフォーダブル住宅の整備が課題になると思われる。

既往研究ではアメリカの都市、例えばニューヨーク市やシカゴ市などで市の住宅公社が市のプログラムによって積極的にミックスト・インカム住宅建設に関わっている。一方、ロサンゼルス市は市のアフォーダブル住宅プログラムがほとんどない上、低所得者向け政策に充てる財源が確保できず、全米第2の都市で低賃金労働者が多いにもかかわらずアフォーダブル住宅への支出は低いレベルにとどまっている。そのため、市主導でミックスト・インカム住宅開発を行うことが困難となっている。

本書におけるロサンゼルス市のミックスト・インカム住宅は、民間営利開発業者が主体となっている開発が多い。日本を含め世界各地で社会問題となっている住宅不足に対して、ロサンゼルス市で行われているミックスト・インカム住宅開発は、民間が利潤を得ながら参入することができ、財政難や政策転換で国や地方自治体が対応しきれていないアフォーダブル住宅不足問題に、民間力をもって継続してアフォーダブル住宅を増やしてゆくことができることから、民間営利開発業者のミックスト・インカム住宅によるアフォーダブル住戸供給手法の有用性は高いと言える。日本においても政府が間接的に介入しながら、住宅政策として民間力を活用した供給手法を構築し、民間営利開発業者が参入しやすい手法の開発が望まれているのである。

7）総務省統計局ホームページ（2011-6参照）。

参 考 文 献

Ambrose, Brent W. and William Grigsby (1999), "Mixed-Income Housing Initiatives In Public Housing," Samuel Zell and Robert Lurie Real Estate Center, Wharton School of Business, University of Pennsylvania.
BRIDGE Housing Corporation (2000), "What BRIDGE is accomplishing. 1999-2000 Progress Report and Projects To Date," p.13.
Brophy, Paul C. and Rhonda N. Smith (1997), "Mixed-Income Housing : Factors for Success," *Cityscape*, Volume 3, No.2.
Building Healthy Communities 101 (2009-10参照), Density & Design. (http://lahd.lacity.org/lahdinternet/portals/0/curriculum/gettingfacts/desigh/index.html)
CDLAC (2002), "Staff Review of A Request For A Qualified Private Activity Bond Allocation For A Qualified Residential Rental Project, June 24, 2002."
CDLAC (2003a), "Staff Review of A Request For A Qualified Private Activity Bond Allocation For A Qualified Residential Rental Project, September 24, 2003."
CDLAC (2003b), "Executive Summary, Request For A Qualified Private Activity Bond Allocation For A Qualified Residential Rental Project, December 17, 2003."
CDLAC (2004), "Executive Summary, Request For A Qualified Private Activity Bond Allocation For A Qualified Residential Rental Project, December 15, 2004."
CDLAC (2006a), "Executive Summary, Request For A Qualified Private Activity Bond Allocation For A Qualified Residential Rental Project, September 20, 2006."
CDLAC (2006b), "Executive Summary, Request For A Qualified Private Activity Bond Allocation For A Qualified Residential Rental Project, December 13, 2006."

CDLAC (2008), "Procedures of The California Debt Limit Allocation Committee Implementing The Allocation of The State Ceiling On Qualified Private Activity Bonds", California Debt Limit Allocation Committee.

CDLAC Website (2008-6参照 a), Historic Perspective. (http://www.treasurer.ca.gov/cdlac/)

CDLAC Website (2008-6参照 b), Prior Program Years Allocation Activities. (http://www.treasurer.ca.gov/cdlac/prior.asp)

City of Los Angeles (1989), "An ordinance amending Section 12.04 of the Los Angeles Municipal Code by amending the zoning map," Ordinance No. 164307, Effective 1989.1.30.

City of Los Angeles (1997), "Westlake Community Plan," A Part of the General Plan.

City of Los Angeles (1998), Department of City Planning, Statistical Information, SCAG RTP Projection, May 1998.

City of Los Angeles (2005), "Central City West Specific Plan," A part of the General Plan, Ordinance No.166,703, Effective April 3, 1991, Amended by Ordinance No.176,519, Effective April 19, 2005. (http://planning.lacity.org/complan/specplan/pdf/ccwest.pdf 2008-2-2参照)

City of Los Angeles (2006), *Adaptive Reuse Program*, Second Edition.

City of Los Angeles (2008参照), "Central City Community Plan," A Part of the General Plan.

City of Los Angeles, (2009-9参照), "2008 LA Amendment for Building Code," p.169. (http://ja.scribd.com/doc/15894678/2008-LA-Amendment-for-Building-Code#scribd)

City of Los Angeles, Department of Building and Safety (2008-3), Application for Building Permit.

City of Los Angeles, Department of City Planning (1995), *The Citywide General Plan Framework: An Element of the City of Los Angeles General Plan*, approved by City Planning Commission July 27.

City of Los Angeles, Department of City Planning (2002), *Housing Element City of Los Angeles General Plan*.

City of Los Angeles, Department of City Planning (2007-7参照). (http://cityplanning. lacity.org/)

City of Los Angeles, Department of City Planning (2008), *Draft City of Los Angeles Housing Element 2006-2014*.

City of Los Angeles, Department of City Planning (2009), *Downtown Design Guide*, Adopted April 24, 2009.

City of Los Angeles, Department of City Planning (2010-10-12参照) (http://cityplanning.lacity.org/)

City of Los Angeles, Office of the Mayor (2009-10参照), All Housing Development : Developer Regulatory Incentives. (http://labt.lacity.org/labt_prog_housing.htm#all_housing) (現在閉鎖)

Congressional Budget Office (1988), "Current Housing Problems and Possible Federal Responses," December 1988, p.8.

CRA (1967), "Amended Redevelopment Plan Bunker Hill Urban Renewal Project," Approved by Los Angeles City Council, Oct 30, 1967. (http://www.crala.org/internet-site/Projects/Bunker_Hill/upload/bhredevelopmentplan.pdf 2009-10-12参照)

CRA (1970), "The Redevelopment Plan, Little Tokyo Redevelopment Project (Calif. A-3-5)," Adopted by City Council, Feb 24, 1970, Ordinance No.140069. (http://www.crala.org/internet-site/Projects/Little_Tokyo/upload/littletokyoredevelopmentplan.pdf 2009-10-12参照)

CRA (1975), "Redevelopment Plan for Central Business District Redevelopment Project," Adopted by Los Angeles City Council, Jul 18, 1975, by Ordinance No.147480. (http://www.crala.org/internet-site/Projects/CBD/upload/cbd.pdf 2009-10-12参照)

CRA (2002), "Redevelopment Plan for City Center Redevelopment Project," Adopted : May 15, 2002, Ordinance No.174593. (http://www.crala.org/internet-site/Projects/City_Center/upload/citycenter.pdf 2009-10-12参照)

CRA (2005), *CRA Housing Policy*, August 4, 2005, pp.7-8.

CRA (2007), "2007 Occupancy Income Limits," Revised 2007.4.20.

CRA (2008), "Affordable Housing Roaster," Revised 2008.4.

CRA (2008参照), Housing Production Inventory : Central Business District (Amended)," *City Center and Central Industrial Redevelopment Project Areas*, 1975-2007.

CRA Website (2008参照). (http://www.crala.org/internet-site/index.cfm)

CTCAC (1993), "Low Income Housing Tax Credit Program 1993 Qualified Allocation Plan, Amended and Adopted June 11, 1993."

CTCAC (2000), "Project Staff Report, 2000 B Cycle, August 23, 2000, REVISED."

CTCAC (2003), "Project Staff Report : 2003 Second Round Cycle, September 29, 2003."

CTCAC (2008参照), "All Los Angeles County Projects Awarded Credit 1987-2006."

DCBID (2007a), Downtown Los Angeles Housing Information, 2007Q2.

DCBID (2007b), "Greater Downtown Los Angeles Existing Rental Properties,4th Quarter 2007."

DCBID (2007c), "The Downtown Los Angeles Market Report & 2006 Demographic Survey of New Downtown Residents."

DCBID Website (2008-5-15参照), Downtown Los Angeles Fact Sheet, Downtown Los Angeles Housing Units, 4th Quarter 2007. (http://www.downtownla.com/)

DiMassa, Cara Mia (2005), "Crowded Out by Luxury Lofts, Poor Seek Relief, " *Los Angeles Times*, pp. A1, A18, October 12.

Ellickson, Robert C. (2010), "The False Promise of the Mixed-Income Housing Project,"57, *UCLA LAW REVIEW*, 983.

George, Evan (2007), "Mixing It Up," *Los Angeles Downtown News*, 2007.9.17.

Grand Tower and Promenade Towers info (1994), "Report to Agency Commissioners : Grand Promenade Phase II, Parcel M-2," *Bunker Hill Redevelopment Project*, accessed via CRA Intranet Document Imaging System. (2008.8.6, email from Dave Neubecker, CRA)

Hikari info (2008参照), CRA Housing Department Database, accessed via CRA Intranet Document Imaging System. (2008.8.6, email from Dave Neubecker,

CRA)

Houk, Diane L., Erica Blake, and Fred Freiberg (2007), *Increasing Access to Low-Poverty Areas by Creating Mixed-Income Housing*, HELP USA INC.

HUD (2003), *Mixed-Income Housing and the HOME Program*.

HUD Website (2008-3参照), Low-Rent Apartment Search. (http://www.hud.gov/apps/section8/)

LAHD (2007a), "A Guide to Affordable Rental Housing In the City of Los Angeles, November."

LAHD (2007b), "Affordable Housing Roaster, 2007.10.25."

Lester, Margot Carmichael (2003), "Making Affordable Housing Pencil Out, Santee Court Press, 2003.9.2. (http://www.santeecourt.com/ 2008-5-15参照)

Los Angeles Almanac (2010-9参照), Geographic Size & Geographic Coordinates, Places of Los Angeles County. (http://www.laalmanac.com/geography/ge09.htm)

Los Angeles County, Office of the Assessor (2008-3参照), Property Assessment Information System, 2007 Assessment Roll. (http://www.assessor.lacounty.gov)

Los Angeles County, Office of the Assessor (2008-3参照), Property Maps and Data. (http://assessor.lacounty.gov/)

Los Angeles Downtown News (2006, 2008, 2009), "The List, Largest Residential Buildings Ranked by number of units," Feb 27, 2006, Feb 25, 2008, Feb 23, 2009.

Myerson, Deborah L. (2008), *Marketing, Managing, and Maintaining Mixed-Income Communities*, the 2008 ULI/Charles H. Shaw Forum on Urban Community Issues.

National Housing Law Project, etc. (2002), *False HOPE, A Critical Assessment of the HOPE VI Public Housing Redevelopment Program*.

Newman, Peter and Andy Thornley (2004), *Planning World Cities: Globalization and Urban Politics*, Palgrave Macmillan.

Pavao, William J. (2008参照), "A Description of California Tax Credit Allocation Committee Programs," CTCAC, pp.1-2.

Rysman, Molly (2005), *The Public Financing of Affordable Housing In The 21st Century, A Case Study of California's Tax Exempt Bond Program and How It Serves California's Most Populous County*, Master Thesis, University of California, Los Angeles.

Salama, Jerry J. (1999), "The Redevelopment of Distressed Public Housing : Early Results from HOPE Ⅵ Projects in Atlanta, Chicago, and San Antonio," *Housing Policy Debate*, Vol.10, Issue 1, Fannie Mae Foundation.

Schwartz, Alex and Kian Tajbakhsh (1997), "Mixed-Income Housing : Unanswered Questions," *Cityscape*, Volume 3, No.2.

Smith, Alastair (2002), *Mixed-Income Housing Developments: Promise and Reality*, Joint Center for Housing Studies of Harvard University.

SRHT Website (2008-3参照), Map of Properties. (http://www.skidrow.org/map_of_properties.html)

SRHT Website (2010-4参照). (http://www.skidrow.org/)

SROHC Website (2008-3参照), Housing Sites. (http://www.srohousing.org/housing_sites.asp)

The Los Angeles Housing Crisis Task Force (2000), *In Short Supply*, Recommendations of the Los Angeles Housing Crisis Task Force.

The Los Angeles Housing Crisis Task Force (2003), *In Short Supply*, Recommendations of the Los Angeles Housing Crisis Task Force.

Title 26 (Internal Revenue Code) (2008参照), Section 42, *US Code*.

Turbov, Mindy and Valerie Piper (2005), "Hope Ⅵ and Mixed-Finance Redevelopments : A Catalyst for Neighborhood Renewal, Atlanta Case Study," A Case Study Prepared for the Brookings Institution Metropolitan Policy Program.

Turoff, Steffen (2003), "The Policies, Politics, and Procedures Behind an Application for Tax-Exempt Bond Financing," master thesis, UCLA.

U.S. Census Bureau (2002), "Section 8 State and Local government Finances and Employment," *Statistical Abstract of the United States*, p.290,

ZIMAS (Zoning Information and Map Access System) (2008参照). (http://zimas.lacity.org/)

稲葉佳子ほか（2010）「公営住宅および都市再生機構の賃貸住宅における外国人居住に関する研究」『日本建築学会計画系論文集』Vol.75, No.656, pp.2397-2406

宇田川璋仁（1981）「米国カリフォルニア州の固定資産税――『タックス・レヴォルト』（プロポジション13）以後の問題点」『エコノミア』第70号，横浜国立大学経済学会

海老塚良吉（2007）『民間非営利組織による住宅事業の研究――日本の実態と欧米との比較』法政大学大学院人間社会研究科博士論文

海老塚良吉（2010）「アメリカの家賃補助政策の歴史と現況」『月刊住宅着工統計』6月号

岡田徹太郎（2001）「アメリカ住宅政策における政府関与の間接化とその帰結」『The Institute of Economic Research』Working Paper Series, No.37, 香川大学

厚生労働省（2002）「低所得者の新たな生活支援システム検討プロジェクト」（http://www.mhlw.go.jp/houdou/2002/01/h0107-3.html）

厚生労働省（2004）『外国人労働者の雇用管理のあり方に関する研究会報告書』2004.7.20

厚生労働省（2014参照 a）『厚生労働白書』（http://www.mhlw.go.jp/toukei_hakusho/hakusho/）

厚生労働省（2014b 参照）『国民生活基礎調査』（http://www.mhlw.go.jp/toukei/list/20-21kekka.html）

国税庁（2010）『平成21年分民間給与実態統計調査――調査結果報告』国税庁長官官房企画課，2010.9

国土交通省（2008）「住宅セーフティネットの現状と課題」第3回都市再生・住宅セーフティネットのあり方検討会，2008.12

国土交通省住宅局ほか編（2009）『A Quick Look at Housing in Japan』2009年11月版，日本建築センター

小玉徹・大場茂明・檜谷美恵子・平山洋介（1999）『欧米の住宅政策――イギリス・ドイツ・フランス・アメリカ』ミネルヴァ書房

小林成隆・西川義明（2010）「わが国における低所得者の定義をめぐって――市町村民税非課税者等という基準の妥当性」『名古屋文理大学紀要』第10号

サッセン，サスキア（2003）「都市に内在する新たな不平等」椋尾麻子訳『現代思想』2003年5月号，青土社

サッセン，サスキア（2004）『グローバル空間の政治経済学——都市・移民・情報化』田淵太一・原田太津男・尹春志訳，岩波書店

周飛帆・藤田秀央（2007）「地域社会における外国人の集住化に関する調査報告——江戸川区のインド人コミュニティを中心に」『言語文化論叢』千葉大学言語教育センター，pp.81-102

総務省統計局ホームページ（2011-6参照）「平成20年日本の住宅・土地統計調査」

高橋重雄（1999）「ロサンゼルス都市圏における業務核立地パターンの変化」『青山経済論集』第50巻，第4号

高橋重雄（2003）「シカゴ学派からロサンゼルス学派へ——都市研究におけるパラダイムの変化について」『青山経済論集』第54巻，第4号

内閣府 SNA サイト（2014参照）（http://www.esri.cao.go.jp/jp/sna/data/data.html）

西田裕子（1993）「Ⅳ 住宅政策」『現代の都市法——ドイツ・フランス・イギリス・アメリカ』東京大学出版会

『日本経済新聞電子版』（2011-1-20参照）（http://www.nikkei.com/）

長谷川淳子（1991）「アフォーダブル ハウジング——米国の新住宅法制定の経緯と課題」『レファレンス』No.486, pp.58-66

平山洋介（1993）『コミュニティ・ベースト・ハウジング——現代アメリカの近隣再生』ドメス出版

フルトン，ウィリアム（1994）『カリフォルニアのまちづくり——都市計画の最先端地域から学ぶ』花木啓祐・藤井康幸訳，技報堂出版

豊福裕二（2000）「『偉大な社会』期アメリカの住宅政策——低所得者層向け住宅助成を中心に」『経済論叢』第165巻，第5・6号

渡辺卓美（1993）「Ⅲ 土地利用規制」『現代の都市法——ドイツ・フランス・イギリス・アメリカ』東京大学出版会，pp.460-484

渡辺卓美・西田裕子ほか（1993）『現代の都市法——ドイツ・フランス・イギリス・アメリカ』東京大学出版会

2002年米国財産税調査グループ（2003）「カリフォルニア州財産税提案13号のその後(1)」『季刊不動産研究』財団法人日本不動産研究所

あとがき

　本書は2011年9月に博士（工学）を取得した時の博士論文を書籍化したモノグラフに，日本の住宅問題を増補し，日本とアメリカの低・中所得層に対する住宅政策や住まいのあり方の違いを一般読者向けに分かりやすくまとめたものである。

　このアメリカ住宅研究の発端は，2002年から2005年まで多種多様な人種が暮らすアメリカ・ロサンゼルスで生活したことにある。人種と所得によって明確にエリアで住み分けしているアメリカにおいて，ロサンゼルスのダウンタウンはかつて治安の悪いエリアとして知られていて住人も少なかった。しかし私が住んでいた時期は再開発が盛んに行われていて，商業施設や高級集合住宅が多く建設されたため，住人の数も次第に増加し街に歩行者が行き交うようになった。ダウンタウンは，もともと住んでいたホームレスや低所得層に加え，白人などの高所得層が混在した街に変貌を遂げていたのである。この多様な人種や所得層が混在しながらウォーカブルな街へと生まれ変わる，正にその時期を経験したことが本研究の契機となった。

　本書から，経済格差の拡大や急激に変化する社会情勢により世界的に低所得層が増加し，その住まい方は多様化していることが分かるだろう。低所得という言葉は悲観的で貧しい響きがあるが，ライフスタイルが多様化する現代社会においては，様々なアイデアにより低所得だが豊かな住まい方が実現可能であると信じている。また今，社会が抱える様々な課題に対してグローバルな視点を持ち，多様な価値観を共有し，創造力を発揮して革新的で有効なアイデアを提案することが重要であると考えている。本書が多くの方々に読まれることにより，日本においてますま

す広がる所得格差やそれから派生する貧困などの社会問題への理解が深まること，また今後，住む場所に困窮する日本の低・中所得層に対する有効な住宅政策策定の一助となることを期待している。

　本書の出版にあたり，今は退職されたが，熱心なご指導によりグローバルな視点で適切なアドバイスをしてくださった石山修武先生，出版の機会を与えてくださった早稲田大学の方々，熱心に編集・校正を行ってくださった早稲田大学出版部の伊東晋氏と金丸淳氏に感謝の意を表したい。

　最後に最大の理解者であり協力者でもある妻と娘には最大級の感謝の気持ちを込めて，ありがとうと言いたい。

　　　2015年3月

　　　　　　　　　　　　　　　　　　　　　　　　　渡邊　詞男

索　引

【あ行】

アダプティブ・リユース条例　91, 97, 101, 133, 151, 154
アフォーダビリティ　iii, 65
　——の低下（悪化）　iii, 105, 149
　——問題　iii, 68, 69, 103, 105, 148
アフォーダブル住戸比率　122-125, 129, 130
アフォーダブル住宅信託基金　106
アフォーダブル住宅の期限切れ問題　69, 85, 106, 129, 149
移民　i, ii, 36-38, 40, 49, 50, 55, 63, 85, 169-171
インセンティブ　63, 71, 149, 150, 151, 154, 161, 164, 165
インフォーマル経済　35, 63
SRO住宅機構　87, 127
押し入れハウス→脱法ハウス
御茶ノ水文化アパート　42

【か行】

界壁　vi, 159, 162-165
カリフォルニア州コミュニティ再開発法　iv, 117
カリフォルニア州債務制限配分委員会　86, 113
カリフォルニア州税額控除配分委員会　86, 112
期限切れ問題→アフォーダブル住宅の期限切れ問題
狭隘　65, 105
グローバリゼーション　35
経済協力開発機構　33, 34
契約期限　127
建設型プログラム　68
公営住宅　18
公共住宅の「残余化」　55
公営住宅の「大衆化」　55
公営住宅の入居資格　12
高級化　35, 96
高所得者　14
荒廃　ii, 55, 56, 61, 64, 65, 69, 72-74, 78, 80, 97, 105, 140
国際労働機関　34
国民生活基礎調査　15
コミュニティ開発法人　86
コミュニティ計画エリア　95
コンビニハウス　26
コンベンション・センター／アリーナ　97

【さ行】

サウス・パーク　97
サウス・マーケット　100
シェアハウス　21, 25
ジェントリフィケーション→高級化
市場価格住宅　iv, 131-133, 140, 148, 149
ジニ係数　38

183

シビック・センター　96
住戸タイプ　vi
住戸密度　v, 151
住宅エレメント草案　108
住宅都市開発省　86
住宅・都市開発法（1968年）　66
自由と生存の家　23
所得格差　i, 4, 34-36, 38-40, 169-171
所得中央値　12
所得の二極化　i, 6, 11, 14, 33, 35, 36
スキッド・ロウ住宅信託　87
生活困窮者　11
セクション8　61, 68, 103, 149
ゼネラル・プラン　93, 94
セーフティネット　12, 17, 18, 20, 31, 40
全国低所得住宅連合　103
セントラル・シティ　90
セントラル・シティ・イースト　98
セントラル・シティ・ウエスト　93

【た行】

脱法ハウス　25, 26
建物評価額　133
短期連邦賃貸住宅プログラム　71
中所得（者）　iv, 14
超低所得　iv
提案13号　133
低所得（者）　iv, 14
低所得者用住宅税額控除　112
低・中所得者　11
適格住居賃貸プログラム　116

東京都青山1丁目アパート　18
同潤会　41
都営住宅の高齢化率　20
都市再生機構　13, 170

【な行】

日本の人口　14
ネットカフェ　29
ネットカフェ難民　29

【は行】

バンカー・ヒル　97
ヒストリック・コア　98
貧困層　13
貧困率　13, 15, 33
ファイナンシャル・コア　97
ファンド　111
ペアレンティングホーム　25
平均世帯人員　15
包括型ゾーニング　73
包括型ゾーニング条例　72
ほっとポット（NPO法人）　25
ホームレス　31

【ま行】

ミックスト・インカム住宅（定義）　iii
免税債　113

【や行】

家賃補助型プログラム　68, 72
UR都市機構 → 都市再生機構

【ら行】

リトル・トーキョー　100
労働力の流動化　3

ロサンゼルス市　90
ロサンゼルス市コミュニティ再開発公社　iv, 86, 117, 150
ロサンゼルス市住宅部　86, 104
ロサンゼルス住宅危機作業部会　103
ロサンゼルス・ダウンタウン・センター業務改善地区　86

【欧文】

Adaptive Reuse Ordinance→アダプティブ・リユース条例
affordability→アフォーダビリティ
affordability problem→アフォーダビリティ問題
Affordable Housing Trust Fund→アフォーダブル住宅信託基金
California Community Redevelopment Law→カリフォルニア州コミュニティ再開発法
California Debt Limit Allocation Committee（CDLAC）→カリフォルニア州債務制限配分委員会
California Tax Credit Allocation Committee（CTCAC）→カリフォルニア州税額控除配分委員会
Centennial Place　74
Community Plan Area→コミュニティ計画エリア
Community Redevelopment Agency of the City of Los Angeles（CRA）→ロサンゼルス市コミュニティ再開発公社
Community-based Development Corporation（CDC）→コミュニティ開発法人
Draft of Housing Element→住宅エレメント草案
Emery Bay Ⅱ　76
HOPE Ⅵ　69, 74, 79, 80
Housing and Urban Development Act of 1968→年住宅・都市開発法（1968）
housing density→住戸密度
ILO→国際労働機関
inclusionary zoning ordinances→包括型ゾーニング条例
LIHTC→低所得者用住宅税額控除
Los Angeles Downtown Center Business Improvement District（DCBID）→ロサンゼルス・ダウンタウン・センター業務改善地区
Los Angeles Housing Crisis Task Force→ロサンゼルス住宅危機作業部会
Los Angeles Housing Department（LAHD）→ロサンゼルス市住宅部
low-income→低所得
market rate housing→市場価格住宅
mixed-income housing→ミックスト・インカム住宅
moderate-income→中所得（者）
National Low Income Housing Coalition→全国低所得住宅連

合
OECD→経済協力開発機構
party wall→界壁
Proposition 13→提案13号
Qualified Residential Rental Program→適格住居賃貸プログラム
Section 23→短期連邦賃貸住宅プログラム
Single Room Occupancy Housing Corporation（SROHC）→SRO住宅機構
Skid Row Housing Trust（SRHT）→スキッド・ロウ住宅信託
St. James Terrace Apartments 75
U.S. Department of Housing and Urban Development（HUD）→住宅都市開発省
unit type→住戸タイプ
very low-income→超低所得

Housing Policy in a Society with Increasing Income Inequality: Possibilities for Mixed-income Housing

WATANABE Norio

This book expands on "Mixed-income housing in the City of Los Angeles: Possible ways to supply affordable housing units" (Waseda University monograph No. 78, 2013), based on my doctoral thesis. I have added Japanese cases to illustrate the serious circumstances of low-income people in Japan, even though they are not well known to many Japanese.

Under the influence of globalization, more people are emigrating to other countries to find work. Simultaneously, issues involving income inequality for immigrants, compared with the host population, are emerging worldwide. In some countries, including Japan, an increase in low-income households, resulting from a decline in immigrant workers' wages, is causing affordable housing shortages; therefore, prompt measures are needed. This book focuses on mixed-income housing, particularly recently completed projects in the United States, one of the countries where the issue of immigrants' income inequality is most prominent. Mixed-income housing provides housing units for different income classes, and typically consists of market-rate apartments, with affordable units for low- and middle-income households. Mixed-income housing may provide a way to ease the shortage of affordable housing. The objectives of this book are to clarify the methods of developing affordable housing, explain the influence of affordable housing incentives on architectural planning, provide possible ways to supply affordable housing units (by investigating mixed-income housing supplied by for-profit developers), and to consider the usefulness of supplying affordable housing units as a means of solving the worldwide problem of shortages of affordable housing.

The book illustrates the differences in low-income living between Japan and the US. Various housing examples were studied in Japan, including examples of inadequate living conditions. In the US, Central City and Central City West in the City of Los Angeles were chosen as study areas where there were recent mixed-income housing developments, according to primary sources, and the details of mixed-income apartments in the study areas were available in research results. Several actions were taken in order to clarify ways to develop mixed-income housing, determine the value of the property, and provide possible ways to supply affordable mixed-income housing units. Primary funding sources, and conditions for fund applications, were first researched and analyzed. Second, the assessed value of mixed-income apartment buildings was compared with that of market-rate apartment buildings. Finally, the location, the number of housing units, common spaces, and amenities were investigated, through interviews with managers and a field survey. The influence of affordable housing incentives provided to for-profit developers for architectural planning was also analyzed.

Chapter 1 describes the definitions of low-middle income households and housing conditions in Japan, Europe, and the US. The problem of immigrants' income inequality can be described on a worldwide scale by comparing the number of immigrants and the degree of income inequality in each country. These factors have a close relationship with housing problems. This social phenomenon, a consequence of globalization, is observable in Japan and major Western countries. According to the history of housing policies in Japan and major Western countries, housing policy in every country has attempted to deregulate housing finances, privatize an affordable housing supply, and reduce government spending. These countries appear to have the same serious housing problems. In Japan, the problem of poverty, especially in the younger generation, is serious. Public housing is full of older low-income households; therefore, young low-income households must try to find low cost houses, although these offer bad living conditions and little space.

Chapter 2 focuses on mixed-income housing in the United States, where federal government has promoted countermeasures to the serious problem of housing affordability that increased income inequality has caused. The chapter describes the history of mixed-income housing in the United States, in the context of US housing policy. Mixed-income housing developments in the US are then categorized into several types, and the merits and demerits of each are considered, based on past research.

Chapter 3 looks at mixed-income housing in the City of Los Angeles, which has many immigrants and a serious affordable housing problem, based on preliminary research of mixed-income housing in the country as a whole. The chapter documents the general social and economic situation in Los Angeles, housing problems, and concrete measures being taken in the city. Primary funding sources, the percentage of affordable housing units, income restrictions, and the minimum term of restrictions are identified, through research into 15 case studies of mixed-income apartments in Central City and Central City West in 2007.

Chapter 4 focuses on primary funds for mixed-income housing developments in the City of Los Angeles study areas, and clarifies the method of developing mixed-income housing by analyzing the conditions for fund applications and the sources of funds. It has become easier for for-profit developers to participate in mixed-income housing developments, because tax-exempt bonds from the federal government are easier to obtain as the primary funds for mixed-income housing developments.

Chapter 4 also shows the location of mixed-income housing developments in the study area in the City of Los Angeles, and clarifies that location depends on the percentage of affordable housing units. Many mixed-income apartment buildings by for-profit developers are located in areas where there are many market-rate apartment buildings, operating under normal market mechanisms. In this situation, different income classes are mixed, not only in the building, but also in the community; poverty is therefore not concentrated in one area. This chapter also demonstrates that mixed-income apartments have high-quality units as affordable housing stock, because the value of mixed-income apartment buildings tends to be higher than that of market-rate apartment buildings. The chapter also documents the findings of the field survey, which found that the tenants' living environments are in good condition, and the buildings are well operated and maintained, thus improving the overall living environment for tenants of affordable housing units.

Chapter 4 also discusses density bonuses, which are incentives used by mixed-income housing developments in the study areas in the city, and clarifies that these bonuses encourage builders to provide an efficient floor plan, build buildings with more than one story, and provide a typical floor plan. As a result, a good living environment is provided by low- and mid-rise apartments, and opportunities are created to select from many variations to the unit plan. This demonstrates that affordable housing units can be effectively supplied through mixed-income housing.

Chapter 5 reveals that candidates for public housing and Urban Renaissance Agency (UR) housing tenancies are rapidly increasing in Japan, with the rise in the number of immigrants and low-income households. A serious lack of affordable housing units is anticipated in Japan because of globalization. Affordable housing shortages are a problem, not only in Japan but also in other countries experiencing globalization. Mixed-income housing developments in the United States that deal with the problem of the affordable housing shortage make the participation of the private sector possible, and increase the number of affordable units offered by the private sector, in contrast with the public sector, which has had problems meeting demand. This chapter therefore suggests that a useful way of supplying affordable housing is through encouraging mixed-income housing developments by for-profit developers.

Keywords: Mixed-income housing, City of Los Angeles, Globalization, Case study, Affordable Housing Policy, Japan

著者紹介

渡邊 詞男（わたなべ　のりお）

略歴：建築設計事務所勤務後，2002年に渡米。2003年 LA にある建築大学サイアーク（SCI-Arc）大学院修了後，建築設計事務所コープヒンメルブラウにてプロジェクトに携わる。帰国後，2006年早稲田大学大学院博士後期課程に入学，2011年「博士（工学）」（早稲田大学）を取得。
現職：株式会社メタボルテックスアーキテクツ　代表取締役
　　　現在，建築設計の実務と合わせて，国内外の住宅問題の調査・研究を行っている。

早稲田大学学術叢書 39

格差社会の住宅政策
―ミックスト・インカム住宅の可能性―

2015年3月10日　初版第1刷発行

著　者	渡邊　詞男
発行者	島田　陽一
発行所	株式会社 早稲田大学出版部
	169-0051 東京都新宿区西早稲田 1-1-7
	電話 03-3203-1551　　http://www.waseda-up.co.jp/
装　丁	笠井亞子
印刷・製本	精文堂印刷株式会社

©2015 Norio Watanabe. Printed in Japan　　ISBN978-4-657-15703-4
無断転載を禁じます。落丁・乱丁本はお取替えいたします。

刊行のことば

　早稲田大学は、2007年、創立125周年を迎えた。創立者である大隈重信が唱えた「人生125歳」の節目に当たるこの年をもって、早稲田大学は「早稲田第2世紀」、すなわち次の125年に向けて新たなスタートを切ったのである。それは、研究・教育いずれの面においても、日本の「早稲田」から世界の「WASEDA」への強い志向を持つものである。特に「研究の早稲田」を発信するために、出版活動の重要性に改めて注目することとなった。

　出版とは人間の叡智と情操の結実を世界に広め、また後世に残す事業である。大学は、研究活動とその教授を通して社会に寄与することを使命としてきた。したがって、大学の行う出版事業とは大学の存在意義の表出であるといっても過言ではない。そこで早稲田大学では、「早稲田大学モノグラフ」、「早稲田大学学術叢書」の2種類の学術研究書シリーズを刊行し、研究の成果を広く世に問うこととした。

　このうち、「早稲田大学学術叢書」は、研究成果の公開を目的としながらも、学術研究書としての質の高さを担保するために厳しい審査を行い、採択されたもののみを刊行するものである。

　近年の学問の進歩はその速度を速め、専門領域が狭く囲い込まれる傾向にある。専門性の深化に意義があることは言うまでもないが、一方で、時代を画するような研究成果が出現するのは、複数の学問領域の研究成果や手法が横断的にかつ有機的に手を組んだときであろう。こうした意味においても質の高い学術研究書を世に送り出すことは、総合大学である早稲田大学に課せられた大きな使命である。

　「早稲田大学学術叢書」が、わが国のみならず、世界においても学問の発展に大きく貢献するものとなることを願ってやまない。

2008年10月

早稲田大学

「研究の早稲田」　早稲田大学学術叢書シリーズ

濱川 栄 著 **中国古代の社会と黄河** ¥5,500	五十嵐 誠一 著 **民主化と市民社会の新地平** フィリピン政治のダイナミズム ¥8,600
真辺 将之 著 **東京専門学校の研究** 「学問の独立」の具体相と「早稲田憲法草案」 ¥5,400	内田 悦生 著　下田 一太（コラム執筆） **石が語るアンコール遺跡** 岩石学からみた世界遺産 ¥6,100
中垣 啓 著 **命題的推論の理論** 論理的推論の一般理論に向けて ¥6,800	青木 雅浩 著 **モンゴル近現代史研究** ：1921〜1924年 外モンゴルとソヴィエト，コミンテルン　¥8,200
堀 真清 著 **一亡命者の記録** 池明観のこと ¥4,600	飯山 知保 著 **金元時代の華北社会と科挙制度** もう一つの「士人層」 ¥8,900
藤井 千春 著 **ジョン・デューイの経験主義哲学における思考論** 知性的な思考の構造的解明　¥5,800	上野 和昭 著 **平曲譜本による近世京都アクセントの史的研究** ¥9,800
鳥越 皓之 編著 **霞ヶ浦の環境と水辺の暮らし** パートナーシップ的発展論の可能性 ¥6,500	YOSHINO, Ayako 著 **Pageant Fever** Local History and Consumerism in Edwardian England　¥6,500
山内 晴子 著 **朝河貫一論** その学問形成と実践 ¥8,900	河西 宏祐 著 **全契約社員の正社員化** 私鉄広電支部・混迷から再生へ （1993年〜2009年）　¥6,100
金 孝淑 著 **源氏物語の言葉と異国** ¥4,900	市川 熹 著 **対話のことばの科学** プロソディが支えるコミュニケーション ¥5,600
鈴木 勘一郎 著 **経営変革と組織ダイナミズム** 組織アライメントの研究 ¥5,500	伊藤 りさ 著 **人形浄瑠璃のドラマツルギー** 近松以降の浄瑠璃作者と平家物語 ¥7,400
佐藤 洋一 著 **帝政期のウラジオストク** 市街地形成の歴史的研究 ¥9,300	石濱 裕美子 著 **清朝とチベット仏教** 菩薩王となった乾隆帝 ¥7,000

黒崎 剛 著 **ヘーゲル・未完の弁証法** 「意識の経験の学」としての『精神現象学』の批判的研究 ¥12,000	渡邉 将智 著 **後漢政治制度の研究** ¥8,400
片木 淳 著 **日独比較研究 市町村合併** 平成の大合併はなぜ進展したか? ¥6,500	石井 裕晶 著 **制度変革の政治経済過程** 戦前期日本における営業税廃税運動の研究 ¥8,500
SUZUKI, Rieko 著 **Negotiating History** From Romanticism to Victorianism ¥5,900	森 佳子 著 **オッフェンバックと大衆芸術** パリジャンが愛した夢幻オペレッタ ¥8,200
杵渕 博樹 著 **人類は原子力で滅亡した** ギュンター・グラスと『女ねずみ』 ¥6,600	北山 夕華 著 **英国のシティズンシップ教育** 社会的包摂の試み ¥5,400
奥野 武志 著 **兵式体操成立史の研究** ¥7,900	UENO, Yoshio 著 **An Automodular View of English Grammar** ¥8,400
井黒 忍 著 **分水と支配** 金・モンゴル時代華北の水利と農業 ¥8,400	森 祐司 著 **地域銀行の経営行動** 変革期の対応 ¥6,800
岩佐 壯四郎 著 **島村抱月の文藝批評と美学理論** ¥10,000	竹中 晃二 著 **アクティブ・ライフスタイルの構築** 身体活動・運動の行動変容研究 ¥7,600
高橋 弘幸 著 **企業競争力と人材技能** 三井物産創業半世紀の経営分析 ¥8,200	岩田 圭一 著 **アリストテレスの存在論** 〈実体〉とは何か ¥8,300
高橋 勝幸 著 **アジア冷戦に挑んだ平和運動** タイ共産党の統一戦線活動と大衆参加 ¥7,900	渡邊 詞男 著 **格差社会の住宅政策** ミックスト・インカム住宅の可能性 ¥4,600
小松 志朗 著 **人道的介入** 秩序と正義,武力と外交 ¥4,900	すべてA5判・価格は税別